SUPER

CRUNCHERS

魔鬼统计学

统计学

Why Thinking–by–Numbers Is the New Way to Be Smart

Ian Ayres

[美] 伊恩·艾瑞斯 / 著

刘清山 / 译

九州出版社
JIUZHOUPRESS

目　录

前　言
超级数据分析师的崛起

奥利·阿森费尔特（Orley Ashenfelter）非常喜爱葡萄酒。"你只要把优质红酒放上一段时间，它就会发生一些非常神奇的事情。"阿森费尔特不仅对于葡萄酒的品鉴很着迷，而且希望知道优质葡萄酒和普通葡萄酒背后的推动力量。

"当你购买优质红酒时，"他说，"你是在进行一项投资，因为它未来很可能会变得愈发诱人。你希望知道的不是它现在的价值，而是它未来的价值，尽管你可能不会卖掉它或者喝掉它。你可以通过推迟品尝获得多少快乐呢？这是一个非常有趣的话题。"过去 25年，这个话题占据了他的很大一部分时间。

阿森费尔特的日常工作是分析数字。他用统计量提取隐藏在大型数据集合中的信息。作为普林斯顿的经济学家，他曾考察同卵双胞胎的工资，以估计多上一年学所带来的影响。他曾考察限速差异，以估计各州对于统计寿命的重视情况。他曾在多年时间里担任美国顶级经济学期刊《美国经济评论》的编辑。

阿森费尔特个子很高，留着浓密的白色络腮胡子，他那洪亮而友好的嗓音往往会成为会场上的主旋律。他并不胆小。你可能认为数字分析师是一些懦弱而腼腆的人，但阿森费尔特会使你迅速消除这种成见。我曾见过阿森费尔特在教室里踱步，用和蔼而热情的语气阐述一篇研讨会论文背后的原理。当他以高度赞扬的语气开始他的评论时，你就要当心了。

阿森费尔特通过分析数字评价波尔多葡萄酒品质的做法使他遇上了很大的麻烦。他不是使用罗伯特·帕克（Robert Parker）等葡萄酒大师"痛饮和回味"的方法，而是用统计量寻找与拍卖价格高低相关的年份酒特征。

"这是显而易见的，"他说，"葡萄酒是农业产品，它会受到不同年份天气的极大影响。"根据法国波尔多地区数十年的天气数据，阿森费尔特发现，较少的收获期降水量和较高的平均夏季气温可以给人们带来品质最佳的葡萄酒。正如彼得·帕塞尔（Peter Passell）在《纽约时报》中所说，阿森费尔特的统计方程与数据吻合得相当完美。

当葡萄成熟、汁液浓缩时，波尔多酒是最好的。在夏季特别热的年份里，葡萄会充分成熟，其酸度会降低。在降水量低于平均水平的年份里，水果汁液会浓缩。所以，你往往会在炎热干燥的年份得到具有传奇色彩的年份酒。成熟的葡萄可以酿造出口感柔和的（酸度低的）葡萄酒。汁液浓缩的葡萄可以酿造出风味浓郁的葡萄酒。

阿森费尔特大胆地将他的理论简化成一个公式：

$$葡萄酒品质 = 12.145 + 0.00117 \times 冬季降水量 + 0.0614 \times$$
$$生长季平均气温 - 0.00386 \times 收获期降水量$$

没错。通过将当年的天气数据代入这个公式，阿森费尔特可以预测任何年份酒的总体品质。通过另一个更加复杂的公式，他可以更加准确地预测 100 多个庄园的葡萄酒品质。"这看上去可能有一点数学成分，"阿森费尔特说，"但这正是法国人在著名的 1855 年分类中为葡萄酒厂排名时使用的方法。"

　　传统葡萄酒评论家并不接受阿森费尔特基于数据的预测。英国《葡萄酒》杂志说："这个公式显然很可笑，不值得尊重。"纽约葡萄酒商威廉·索克林（William Sokolin）说，在波尔多葡萄酒从业者眼里，阿森费尔特的工作"介于野蛮和歇斯底里之间"。阿森费尔特时常遭到葡萄酒交易者的轻视，当他在佳士得葡萄酒部门发表关于葡萄酒的演讲时，会场后排的交易商公然对他的演讲发出嘘声。

　　罗伯特·帕克也许是世界上最有影响力的葡萄酒评论家，他也是《葡萄酒先锋》的出版人。他生动地将阿森费尔特形容为"彻头彻尾的骗子"。虽然阿森费尔特是世界上最受尊重的计量经济学家之一，但是在帕克看来，他的方法"是尼安德特人看待葡萄酒的方式。它太荒谬了，简直不值得嘲笑"。帕克否认了数学公式有助于鉴别优质葡萄酒的可能性，"我不想去他家做客，喝他家的葡萄酒"。

　　帕克说，阿森费尔特"就像一个从不看电影、仅仅根据演员和导演判断电影好坏的影评人一样"。

　　帕克的观点有一定的道理。既然通过观影得到的判断更加准确，通过品尝葡萄酒得到的判断不也应该更加准确吗？但是，这里有一个问题：波尔多和勃艮第葡萄酒需要在橡木桶里存放 18 到 24

个月，然后封装在酒瓶里。像帕克这样的专家在葡萄酒装进酒桶4个月以后才能开封品尝。即便此时，他们喝到的仍然只是正在发酵的非常难闻的混合物。我不知道品尝这种无法饮用的早期葡萄酒能否为品酒师带来关于葡萄酒未来品质的非常准确的信息。例如，巴特菲尔德拍卖行葡萄酒部门前主管布鲁斯·凯泽（Bruce Kaiser）说过："早期葡萄酒变化很快，在其存放至少10年甚至更长时间以前，没有一个人可以对葡萄酒做出准确评价。"

与之形成鲜明对比的是，阿森费尔特通过分析历史数据找到了天气和价格之间的关系。他通过这种方式发现，冬季降水量每增加1厘米，预期价格往往会增加0.00117美元。当然，这只是一种趋势。不过，通过分析数字，阿森费尔特可以在葡萄收获时立即预测出未来的年份酒品质——比首次品尝提前几个月，比首次销售提前几年。由于葡萄酒期货交易频繁，因此阿森费尔特的预测为葡萄酒收藏者带来了巨大的竞争优势。

20世纪80年代后期，阿森费尔特开始在半年度简报《流动资产》上发布他的预测。他首先在《葡萄酒观察者》上用小篇幅广告宣传他的简报，逐渐积累了大约600名订阅者。订阅者来自世界各地，包括许多百万富翁和品酒专家——其中大多数人来自接受计量经济学方法的葡萄酒收藏者小圈子。罗伯特·帕克的简报《葡萄酒先锋》有3万订阅者，年费为30美元。相比之下，阿森费尔特的订阅群体显得不值一提。

1990年初，《纽约时报》头版发布了一篇关于阿森费尔特新型预测机器的文章，使更多的人接触到了他的思想。他公开批评帕克对于 1986 年波尔多葡萄酒的评估。帕克认为 1986 年葡萄酒"非常好，简直称得上出类拔萃"。阿森费尔特不同意这种观点。他认为这种酒的生长季平均气温低于平均水平，收获期降水量高于平均水平，因此该年份酒一定很平庸。

不过，这篇文章中真正的重磅炸弹与阿森费尔特对 1989 年波尔多葡萄酒的预测有关。这些葡萄酒在酒桶里只存放了 3 个月，还没有机会得到评论家品尝，但阿森费尔特认为它们将成为"这个世纪的葡萄酒之选"。他表示，这种酒一定"非常好"。根据他的评分标准，如果上好的 1961 年波尔多葡萄酒是 100 分，那么 1989 年波尔多葡萄酒将达到惊人的 149 分。阿森费尔特公然表示，它们的"售价不会输给过去 35 年酿造的任何一款葡萄酒"。

葡萄酒评论家被激怒了。帕克此时称阿森费尔特的定量估计"荒谬可笑"。索克林说，人们的反应夹杂着"愤怒和恐惧。阿森费尔特的确惹恼了许多人"。在几年时间里，《葡萄酒观察者》不再为阿森费尔特（和其他人）的简报发布任何广告。

传统专家团结在一起，试图诋毁阿森费尔特及其方法。他们说，阿森费尔特的方法存在缺陷，因为它无法精确预测未来的价格。例如，《葡萄酒观察者》品尝主管托马斯·马修斯（Thomas Matthews）抱怨说，阿森费尔特对于 27 种年份酒的价格预测只有 3 次是完全准确的。虽然阿森费尔特的"公式得到了特别设计，以拟合价格数据"，但他的"预测价格不是高于实际价格，就是低于实际价格"。不过，对于统计学家（以及其他任何稍做思考的人）来说，拥有时高时低的预测是一件好事，它是无偏估计的象征。实际上，阿森费尔特指出，帕克最初对于年份酒的评价存在系统性的上偏趋势。帕克常常需要对他最初的评价进行下调。

1990 年，阿森费尔特做出了更加冒险的举动。在将 1989 年葡萄酒称为"世纪年份酒"之后，他发现，根据数据，1990 年的葡萄酒将会表现得更好。他宣布了这一结果。事后来看，我们知道《流动资产》的预测是非常准确的。1989 年葡萄酒成了非常优秀的年份酒，而 1990 年葡萄酒表现得更好。

怎么能连续两年拥有"世纪年份酒"呢？原来，自从 1986 年以来，每一年的生长季气温都要高于平均水平。法国天气已经温暖了 20 多年。这是种植柔和的波尔多葡萄的好时机，对葡萄酒爱好者来说也是一个好消息。

传统专家现在对天气的重视大大提高了。许多人从未公开承认阿森费尔特的预测威力，但他们自己的预测与阿森费尔特那个简单公式得到的结果更加吻合了。阿森费尔特仍然在维护他的网站www.liquidasset.com，但他不再制作简报了。他说："现在和过去不同了，品酒师不会再犯可怕的错误了。坦白地说，我是在自掘坟墓。我再也没有像之前那么高的附加值了。"

阿森费尔特的诋毁者将他看作异端。他揭开了葡萄酒的神秘面纱，对他们产生了威胁。他回避了华丽而荒谬的术语（"强健""紧实""轻快"），为他的预测给出了理由。

葡萄酒行业毫不妥协的态度不仅与审美有关。"葡萄酒交易商和作家不想让公众获得阿森费尔特提供的那种信息，"凯泽评论道，"事情始于 1986 年陈酿。阿森费尔特称之为骗局，因为那一年很糟糕，下了很多雨，气温也不够高。不过，当时所有葡萄酒作家都在唱赞歌，称之为伟大的年份酒。阿森费尔特是正确的，但正确并不总是受人欢迎。"

通过维持对于葡萄酒品质的信息垄断，葡萄酒交易商和作家可以从中获利。交易商通过长期高估的初始评价稳定价格。《葡萄酒观察者》和《葡萄酒先锋》维持着葡萄酒品质主要评判者的地位，并以此获取数百万美元收入。正如厄普顿·辛克莱（以及现在的阿尔·戈尔）所说："当一个人的工资取决于他对某件事情的不理解时，你很难让他理解这件事情。"同样的道理也适用于葡萄酒。"许多人的生计取决于葡萄酒饮用者对于这个公式的不信任，"阿森费尔特说，"他们突然之间变得有些过时了，这使他们感到愤怒。"

你可以看到一些变化的迹象。伦敦佳士得国际葡萄酒部门主席迈克尔·布罗德本特（Michael Broadbent）以外交家的口吻表述这件事："许多人认为阿森费尔特是个怪人，我认为他在许多方面的确如此。不过，我发现他的思想和研究每年都与事实相符。他所做的事情对于希望购买葡萄酒的人相当有帮助。"

棒球界的奥利·阿森费尔特

葡萄酒品鉴这一高端行业似乎与面向大众的棒球运动相去甚远。不过，从许多方面来看，阿森费尔特为葡萄酒所做的事情与比尔·詹姆斯（Bill James）为棒球所做的事情是相同的。

詹姆斯在简报《棒球摘要》中对于棒球专家通过观察判断球员

天赋的观点提出了疑问。迈克尔·刘易斯（Michael Lewis）在《魔球》中指出，詹姆斯将数据驱动型决策引入了棒球领域。詹姆斯的观点简单而有力，他认为基于数据的棒球分析优于专业观察：

肉眼无法获得评价球员所需要的知识。想想吧，你显然无法通过观察判断打击率为 0.300 的击球手和打击率为 0.275 的击球手之间的差异。这种差异相当于每两个星期相差一次打击……如果你观看两个人在一年中的 15 场比赛，那么打击率为 0.275 的击球手的击球数超过打击率为 0.300 的击球手的概率是 40%……优秀击球手和普通击球手之间的差异是肉眼无法看到的——它只能在数据中体现出来。

和阿森费尔特类似，詹姆斯相信公式。他说："你应该用击球手试图取得的成功衡量他，而击球手试图取得的成功是制造得分。"于是，詹姆斯提出了一个新的公式，用于衡量击球手对于得分的贡献：

制造得分 =（击球数 + 保送数）× 总垒数 /（打数 + 保送数）

这个公式重点强调了球员的上垒率，为那些经常获得保送的球员给出了特别高的评分。球探特别讨厌詹姆斯的数字分析方法。像罗伯特·帕克那样的葡萄酒评论家通过感受口感和气味生存，而球探的眼睛则可以决定他们的生死。这是他们的附加值。正如刘易斯所说：

在球探看来，要想发掘大联盟球员，你需要开车行驶 10 万公里，在 100 家劣质汽车旅馆里住宿，无数次在丹尼餐厅就餐，以便在 4 个月时间里观看 200 场高中和大学棒球比赛，其中 199 场对你毫无意义……你会走进球场，在捕手正后方第四排铝制长椅上找到一个座位，看到其他人看不到的一些事情——至少没有人知道这些事情的意义。你只要看到这个球员一次就够了。"只要你一看到他，你就明白了。"

球探和像罗伯特·帕克那样的葡萄酒评论家的共同点不仅仅是喜欢回味和吐痰。帕克相信，他能根据一次品鉴评估庄园年份酒的质量。类似地，棒球球探相信，他们可以根据一次观赛评价高中潜力球员的质量。

在这两个领域，人们试图预测未经检验的不成熟产品的市场价值，不管它们是葡萄还是棒球选手。到底应该依靠专家的观察还是定量数据呢？这是这两个领域的核心争议。

和评论家类似，棒球球探常常使用无法证伪的委婉说法，比如"他是真正的选手"或者"他是工具型球员"。

在《魔球》中，当奥克兰运动家队总经理比利·比恩（Billy Beane）想要买入杰里米·布朗（Jeremy Brown）时，数据和传统专业知识的冲突达到了顶点。比恩读过詹姆斯的文章，决定根据数字选秀。比恩喜欢杰里米·布朗，因为他的保送频率是大学球员中最高的。球探讨厌他，因为他很胖。一名运动家队球探嘲笑说，如果他穿着灯芯绒服装跑步，"他就会引发火灾"。球探认为，像他这种体型根本不可能在大联盟打球。比恩完全不在乎球员的外表。他的选秀准则是"我们不是卖牛仔裤的"。比恩只想赢得比赛。球探似乎想错了。在运动家队当年征召的新人中，布朗的进步是最快的。2006年9月，他代表运动家队在大联盟首次出场，取得了0.300的打击率（上垒率为0.364）。

阿森费尔特和詹姆斯最初宣传数字分析结果的方式具有惊人的相似性。和阿森费尔特类似，詹姆斯起初为他的第一份简报《棒球摘要》发布小广告（他将《棒球摘要》适度修饰成一本书）。第一年，他一共卖出了75份。阿森费尔特遭到《葡萄酒观察者》封杀。类似地，当詹姆斯请求分享数据时，他遭到了埃利亚斯体育中心的排斥。

不过，詹姆斯和阿森费尔特在其行业里永远留下了自己的印迹。《魔球》所记载的奥克兰运动家队的长期成功以及波士顿红袜队在西奥·爱泼斯坦（Theo Epstein）的数据管理下首夺世界大赛冠军的壮举都被归功于詹姆斯的持续影响。现在，即使是传统葡萄酒评论家的预测也会考虑到天气因素，而且进行相对优化，这是对阿森费尔特所做贡献的无声致敬。

两个人都促成了分析团队的诞生，这些团队拥有自己的数据分析品牌。在詹姆斯的影响下，美国棒球研究协会得以成立。棒球数据分析现在甚至拥有了自己的名字，叫作赛伯计量学。2006年，在阿森费尔特的帮助下，《葡萄酒经济学期刊》得以创刊。现在，美国甚至有了一个葡萄酒经济学家协会。阿森费尔特不出意外地成为协会首任主席。顺便一提，事后看来，阿森费尔特最初的预测非常准确。我查询了拉图庄园最近的拍卖价格。显然，1989 年葡萄酒的价格是 1986 年葡萄酒的两倍多，1990 年葡萄酒的价格还要更高。听到了吗，罗伯特·帕克？

酒中的真相

本书的核心观点是，数据分析在葡萄酒和棒球领域的兴起不是孤立事件。实际上，葡萄酒和棒球的案例是本书核心主题的缩影。我们正处于马车和火车相互竞争的历史性时刻，我们的直觉和经验知识正在一次又一次地输给数据分析。过去，许多决策仅仅依赖于经验和直觉的某种结合。专家凭借几十年的个人试错经历获得了神圣地位。我们相信他们知道最好的行事方式，因为他们之前做过几百次同样的事情。经验型专家的角色被保留下来，而且发展得很好。如果你想知道某件事情应该怎样做，你应该询问银发老人。

现在，一些事情正在发生变化。商业和政府专业人士正在越来越多地用数据库指导他们的决策。对冲基金的故事实际上是新一代数据分析师的故事——我称之为超级数据分析师——他们分析大型数据集，以便在看似无关的事物之间发现实证关联。想为大量购买欧元避险吗？事实上，你应该卖出由 26 种其他股票和商品精心搭配而成的投资组合，其中可能包括沃尔玛股票。

什么是超级数据分析？它是影响现实决策的统计分析。超级数据分析公式预测通常是大小、速度和规模的某种组合。首先，从观测值的数量和变量的数量来看，数据集合通常很大。其次，分析的速度正在加快。我们常常可以看到与数据生成同时进行的数据分析。最后，影响的规模有时是很大的。这不是几个书呆子在制造戏谑式的期刊文章。超级数据分析有些是由决策者执行的，有些是为决策者执行的，这些决策者希望寻找更好的行事方式。

当我说超级数据分析师在使用大型数据集合时，我指的是非常大的数据集。企业和政府的数据集合正在越来越多地用太字节甚至拍字节（1,000 太字节）衡量，而不是用兆（M）字节或吉（G）字节衡量。1 太字节（terabyte）相当于 1,000 吉字节。前缀 tera 来自希腊语，表示怪兽。一太字节的确十分庞大，像怪兽一样。整个国会图书馆大约有 20 太字节文本。本书的一个目标是让大家开始习惯这个前缀。例如，沃尔玛数据库存放了超过 570 太字节数据。谷歌拥有大约 4 拍字节存储量，它在不断对其进行分析。太字节挖掘不是巴克·罗杰斯（Buck Rogers）的幻想——而是正在发生的事情。

在一个又一个领域，"直觉主义者"和传统专家正在对抗超级数据分析师。在医疗领域，关于"循证医学"的激烈争论可以归结为是否根据统计分析选择疗法。直觉主义者不会束手就擒。他们说，数据库永远无法体现出临床专家通过一生的经历培养出来的知识，回归永远无法和拥有 20 年经验的急诊室护士相比，后者可以判断一个孩子看上去是否有问题。

我们往往认为，国际象棋大师加里·卡斯帕罗夫（Garry Kasparov）之所以输给深蓝计算机，是因为国际商用机器公司的软件更加聪明。那个软件实际上是一个为不同局面排序的大型数据库。

计算机的速度很重要，但是最具决定性的是计算机访问 70 万盘大师棋局数据库的能力。卡斯帕罗夫的直觉输给了基于数据的决策。

超级数据分析师不仅在入侵传统专家的地盘并取代他们，而且正在改变我们的生活。他们不仅在改变决策方式，而且正在改变决策本身。棒球球探之所以输给分析师，不仅仅是因为分析数据比搭乘飞机前往帕路卡维尔成本更低。最主要的原因在于，数据分析得到的预测结果更加准确。当然，超级数据分析师和专家并不总是存在冲突。数据分析有时会证实传统观点。世界不是绝对的，传统专家不会永远犯错，他们的表现至少比碰运气要好。不过，数据分析仍然可以引导决策者做出不同的决策。总体而言，这种决策比之前要好。

在一个又一个领域，统计分析在完全不同的信息之中发现了一些隐性关系。如果你是政客，希望知道谁最有可能为你投票以及哪种拉票方式最有可能成功，那么你不需要凭空猜测、遵循经验规则或者信任头发花白的传统主义者。相反，你可以从不同特性中梳理出越来越多的可测效应，从而更好地知道哪种拉票方式效果最好。数据库搜索可以揭示出传统专家从未考虑过的内在因素。

在我们周围，基于数据的决策正在变得越来越多：

● 租车公司和保险商拒绝向信用分数不佳的人提供服务，因为数据挖掘显示，信用分数与较高的事故概率存在相关性。

● 现在，当航班取消时，航空公司会跳过常旅客，首先向那些最有可能选择其他航空公司的旅客提供开放席位。当然，这些旅客是通过数据挖掘确认的。航空公司不是遵循先来后到原则，而是根据几十项与消费者有关的因素提供服务。

● 《不让一个孩子掉队》法案要求学校采用由严格数据分析支持的教学方法。在其帮助下，教师花费高达 45% 的课堂时间培训孩子们通过标准化考试的方法。超级数据分析甚至使一些教师转向了每句台词得到编排和统计审查的课堂模式。

直觉主义者要当心了。本书将会讲述一系列超级数据分析的故事，向你介绍执行这些分析的人物。数字分析革命不仅与棒球甚至整个体育界有关。它关乎我们生活中的方方面面。很多时候，这种超级数据分析革命对消费者有利，因为它可以帮助商家和政府更好地预测谁需要什么东西。不过，在另一些时候，消费者需要面对以统计为武器的对手。数据分析会使普通人处于极为不利的境地，因为商家可以更好地预测他们能从我们身上榨取多少利润。

史蒂文·D. 莱维特（Steven D. Levitt）和斯蒂芬·J. 都伯纳（Stephen J. Dubner）在《魔鬼经济学》中提到了几十个案例，展示了对于数据库的统计分析是如何揭示隐秘因果关系的。莱维特和约翰·多诺霍（John Donohue，他是我的合著者和朋友，你在后面还会听到他的名字）指出，1970 年堕胎率和 1990 年犯罪率这两个看似无关的数字存在重要关联。不过，《魔鬼经济学》并没有过多地谈论定量分析对于现实决策的影响程度。与之相比，本书会谈论数据分析的影响。商业和其他领域的决策者正在以你从未想象过的方式使用统计分析，以进行各种选择。

全球各行各业都在围绕现代计算机的数据库容量进行升级。万斯·帕卡德（Vance Packard）的《隐形说客》等作品展示了人们在 20 世纪 50 年代至 60 年代的预期（和恐惧）——由大政府和大公司实施的复杂的社会工程即将控制世界。现在，这个预期突然在这一代人心中复活了。过去，我们认为大政府可以通过指挥和控制解决人类所有问题。现在，我们看到，类似的事情正在以大规模数据网络的形式出现。

我与《魔鬼经济学》

我本人是数据分析师。虽然我在耶鲁教授法律，但我在麻省理工读博士时学过计量经济学。从保释保证书和肾移植，到枪支管制和冲动型犯罪，我曾为各种事情做过数据分析。你可能认为，象牙塔里的书呆子与现实世界中的决策没有任何关系。（是的，我属于那种粗心大意的教授。我曾在火车上专注于写作，忘记在纽黑文下车，直接坐到了波基普西。）不过，即使是书呆子的数据挖掘有时也会对世界产生影响。

几年前，我曾和史蒂文·莱维特合作，以研究路捷对汽车盗窃的影响。这是一件非常现实的事情。路捷是一种小型无线电发射器，可以隐藏在汽车内部的许多部位。接到失窃报告时，警方会远程激活发射器，然后用特殊装备的警车跟踪失窃车辆的确切位置。路捷是一种非常有效的汽车寻回设备。路捷公司知道这一点，并且自豪地宣布，路捷的寻回率为 95%。不过，我和史蒂文希望测试路捷是否有助于降低整体汽车失窃率。许多汽车防盗设备的问题在于，它们可能只是把罪行转移到了其他地方。如果你在汽车上使用"俱乐部"这一产品，它很可能无法阻止犯罪。窃贼会沿着街道继续前进，盗窃下一辆汽车。路捷的优点在于其隐蔽性。在一座由路捷覆盖的城市里，窃贼并不知道某辆车是否安装了路捷。

这正是莱维特喜欢探索的那种反常现象。《魔鬼经济学》的评论家说，史蒂文看待事物的角度和常人不同，这话一点不假。几年前，我手里多出一张票，因此邀请史蒂文去看芝加哥公牛队迈克尔·乔丹的比赛。史蒂文认为，如果他对比赛投资，那么他会更加享受比赛过程。不过，他不太在乎公牛队的输赢，这一点和我完全不同。所以，在比赛即将开始时，他在网上下了很大的赌注，赌芝加哥获胜。现在，他为比赛做了投资，网上的赌注改变了他的观赛动机。

奇怪的是，路捷也是一种改变动机的设备。在路捷出现以前，许多职业窃贼几乎不会留下任何线索。路捷改变了这一切。有了路捷，警方不仅可以寻回车辆，而且常常可以捉住窃贼。仅在洛杉矶，警方就通过路捷发现了 100 多家汽车销赃店。如果你在安装路捷的城镇偷走 100 辆汽车，那么你几乎一定会偷到一些装有路捷的车辆。我们希望测试路捷能否震慑盗窃犯，使之不在当地行窃。如果是，路捷就创造出了经济学家所说的"正外部效应"。当你在车上安装"俱乐部"产品时，你很可能提高了其他人的汽车遭到盗窃的概率。不过，我和史蒂文认为，如果足够多的人安装路捷，他们也许可以震慑职业偷车贼，使之不敢在他们的街区行窃。

我们最大的问题是说服路捷和我们分享销售数据。我记得，我曾反复拨打电话，对他们说，如果我和史蒂文是对的，这件事就可以成为人们购买路捷的另一个理由。如果路捷可以降低窃贼盗窃其他车辆的概率，那么路捷公司也许可以说服保险公司向路捷用户提供更大的折扣。最后，一位低级别经理终于向我们发送了大量有用数据。说实话，路捷最初对于这项研究不太感兴趣。

当他们看到我们的论文初稿时，一切都变了。在考察了 56 座城市 14 年的汽车盗窃数据后，我们发现，路捷可以为其他人带来巨大的好处。在高犯罪率地区，一个人对于路捷的 500 美元投资可以使非路捷用户的汽车失窃损失减少 5,000 美元。我们按照年份和城市分析了路捷销量，对于行驶在路上的路捷车辆比例做出了非常准确的估计。（例如，波士顿拥有州内最大的保险折扣，该市超过 10% 的汽车安装了路捷。）我们考察了当路捷用户数量增长时整个城市的汽车失窃情况。由于路捷服务出现在不同城市的年份不同，因此我们可以排除当年总体犯罪水平因素，单独估计路捷的影响。在一座又一座城市，随着路捷汽车比例的提升，汽车失窃率大幅下降。保险公司并没有为路捷用户提供充分的折扣，因为他们没有考虑到路捷为安装车辆和未安装车辆减少了多少赔付支出。

我和史蒂文从未购买路捷股票（因为我们不想改变自己的动机，这是实话），但我们知道，我们掌握着非常宝贵的信息。当我们的研究报告发表时，路捷股价上涨了 2.4%。在我们这项研究的帮助下，其他城市也采用了路捷技术，保险折扣也略有提升（但是涨幅还不够大）。

我想说的是，我对数据分析非常热心。我本人也是数据挖掘咖啡馆的一名厨师。和阿森费尔特类似，我是严肃期刊《法律、经济和组织期刊》的编辑，我需要不断评估这份期刊中统计论文的质量。我很适合探索数据驱动型决策的兴起，因为我既是参与者，也是观察者。我对这一领域了如指掌。

本书的要点

接下来的五章将会详述超级数据分析在社会各领域的兴起。前三章将会向你介绍两种基本统计方法——回归和随机化试验——并且展示定量预测艺术是如何改变企业和政府的。我们将在第四章探索有关"循证"医学的辩论。第五章将会介绍诸多测试，以便对基于数据的决策与基于经验和直觉的决策进行比较。

本书第二部分将会回过头来评估这种趋势的重要性。我们将会探索为什么这一趋势发生在当下，以及我们是否应该对此感到高兴。第七章将从地位和自由裁量权的角度考虑谁在吃亏。最后，第八章将会展望未来。超级数据分析的兴起既不意味着直觉的终结，也不意味着工作经验失去意义。相反，我们可能会看到一个新的时代。届时，最优秀、最聪明的人既了解统计学，又拥有专业知识。

归根结底，本书并不想将直觉和经验知识排除在决策规范之外。相反，我会展示直觉和经验是如何与数据驱动型决策相互融合的。实际上，像史蒂文·莱维特这样的新一代创新型超级数据分析师可以在直觉和数据分析之间来回切换，从而看到直觉主义者和数据分析师永远无法看到的事情。

魔鬼统计学

Super Crunchers：
Why Thinking-By-Numbers is the New Way To Be Smart

第一章　谁在替你思考？

推荐系统使我们的生活方便多了。想知道应该租借哪部电影录像吗？传统方法是询问好友，或者查看影评人是否给出了好评。

现在，人们会上网查看根据大众行为总结出的指南。其中，一些"偏好引擎"完全就是最流行事物的清单。《纽约时报》列出了"被电子邮件转发最多的文章"。iTunes列出了下载最多的歌曲。美味标签列出了最流行的网红美食标签。这些简单的过滤器常常可以使网民锁定最热门的事物。

一些推荐软件还不止于此，它们试图让你知道和你相似的人喜欢什么。亚马逊告诉你，购买《达芬奇密码》的人还购买了《圣血与圣杯》。网飞根据你过去推荐过的电影向你进行推荐。这是真正的"协同过滤"，因为你的电影评分帮助网飞向其他人进行更好的推荐，而他们的评分又帮助网飞对你做出更好的推荐。互联网是这种服务的完美载体，因为互联网零售商可以用很低的成本跟踪顾客行为，并且自动聚集、分析和展示这种信息，为随后的顾客服务。

当然，这些算法并非完美。沃尔玛需要向顾客道歉，因为当他们搜索《马丁·路德·金：我有一个梦想》时，网站向他们推荐了《决战猩球》系列光盘。类似地，亚马逊也会冒犯顾客。当顾客搜索"堕胎"时，网站会问"你是说领养吗？"亚马逊之所以自动生成领养的问题，是因为之前许多搜索堕胎的顾客也搜索了领养。

不过，在网上，协同过滤器对消费者和零售商来说仍然是一个巨大的福音。在网飞，近 2/3 的出租电影是由网站推荐的。在网飞的五星评分系统中，和那些在推荐系统之外租借的电影相比，推荐电影的评分要高出一颗星。

电子邮件转发最多的文章清单和畅销书榜单具有集中关注度的作用，而更具个性化的推荐则具有分散关注度的优点。网飞可以向不同的人推荐不同电影。因此，在该公司的 5 万部电影中，超过 90% 的电影至少每月都会得到租借。商家可以通过协同过滤器评估克里斯·安德森（Chris Anderson）所说的偏好分布的"长尾"。网飞推荐使其顾客出现在了过去很难被发现的小众市场利基之中。

同样的事情也发生在音乐领域。在潘多拉网站上，用户可以输入他们喜欢的一首歌曲或一个艺术家的名字。然后，网站几乎可以马上播放出一支又一支具有类似风格的歌曲。你喜欢辛迪·劳珀（Cyndi Lauper）和破嘴乐队吗？好，潘多拉会为你创建一个劳珀破嘴电台，用于播放这些歌手和其他类似歌手的歌曲。在每首歌播放时，你可以点击"我非常喜欢这首歌"或者"下次不要播放这种类型的歌曲了",以便让软件更加了解你的喜好。

这个网站为我和我的孩子们提供了很好的服务。它不仅可以播放我们每个人都很喜爱的歌曲,而且找到了我们喜爱但却从未听说过的乐队的作品。例如,我告诉潘多拉,我喜欢布鲁斯·斯普林斯汀(Bruce Springsteen)。于是,它创建了一个电台,开始播放这位老大和其他著名歌手的音乐。不过,几首歌之后,我听到了一首极其悦耳的歌曲,那是基顿·西蒙斯(Keaton Simons)的《现在》(通过手边的快捷链接,你能轻松在 iTunes 或亚马逊上购买这首歌曲及其专辑)。这就是长尾效应,因为像我这样的书呆子永远不可能自己去搜索这个家伙的音乐。通过类似的偏好系统,Rhapsody.com 的 100 万首歌曲中超过 90% 的歌曲每个月都会得到播放。

MSNBC.com 最近添加了自己的"推荐故事"功能。它用插件跟踪你最近阅读的 16 篇文章,通过自动文本分析预测你想要阅读的新故事。在开启你的晨间阅读时,基于 16 个故事的预测具有极高的准确度,而且有点令人尴尬。例如,它为我自动推荐了《美国偶像》的文章。

不过,芝加哥法律教授卡斯·桑斯坦(Cass Sunstein)担心对于长尾的利用会带来社会成本。这些个性化过滤器越成功,我们作为公民群体的共同经历就越少。麻省理工教授、媒体技术大师尼古拉斯·尼葛洛庞帝(Nicholas Negroponte)在这些"个性化新闻"功能中看到了《我的日报》的苗头——这种新闻出版物只向公民提供与他们的狭隘预设偏好相匹配的信息。当然，新闻的自我过滤已经出现很长时间了。副总统切尼（Cheney）只看福布斯新闻电视台。拉尔夫·纳德（Ralph Nader）只阅读《琼斯母亲》。不同的是，现在，科技正在创造出极为强大的受众审查制度。Excite.com 和 Zatso.net 等网站开始允许用户生成"我的报纸"和"个性化新闻播报"，其目标是创建一个"由你决定新闻"的世界。谷歌新闻允许你对新闻组进行个性化设置。电子邮件提醒和新闻推送允许你选择"这是我想要的新闻"。如果愿意，我们现在甚至可以完全摆脱我们不感兴趣的那些讨厌的社会问题新闻。

所有这些协同过滤器都属于詹姆斯·索罗维基（James Surowiecki）所说的"群体智慧"。在一些背景下，集体预测比群体中每个成员能够取得的最佳预测更加准确。例如，想象你向一个大学班级中的学生悬赏 100 美元，让他们对罐子里的硬币数量进行最佳估计。通过计算他们的平均估计值，你就可以得到群体智慧。事实反复证明，这个平均估计值很可能比任何个体估计值更加接近真值。一些人的猜测值太大，一些人的猜测值太小——但是较大和较小的估计值整体上往往会相互抵销，群体的预测常常优于个体。

在电视节目《谁想成为百万富翁》中，"询问观众"得到正确答案的概率超过 90%（给某个朋友打电话得到正确答案的概率则不到 2/3）。协同过滤器是一种定制版的观众调查。和你类似的人可以非常准确地猜测出你喜欢什么类型的音乐或电影，偏好数据库是改善个人决策的有力途径。

回归方程帮你找到灵魂伴侣

有一波新的预测潮流，它对群体智慧的利用超越了有意识的偏好。eHarmony 的兴起意味着人们通过超级数据分析发现了新的群体智慧。传统约会服务根据人们清晰表述的有意识偏好对他们进行拉拢和配对，eHarmony 则试图弄清你是哪种人，然后根据数据将你和最适合你的人相匹配。eHarmony 考察巨大的信息数据库，以查看哪些性格类型的人可以成为幸福的夫妻。

eHarmony 创始人和推动者尼尔·克拉克·沃伦（Neil Clark Warren）在 20 世纪 90 年代后期研究了超过 5000 名已婚人士。他申请了一项兼容预测统计模型专利，该模型基于与性情、社交风格、认知模式和交往技能相关的 29 个不同变量。

eHarmony 的策略依赖于超级数据分析技术之母——回归。回归是一种统计程序，它根据原始历史数据估计各种因素对于单一相关变量的影响。在 eHarmony 的案例中，相关变量是一对夫妇可能具有的兼容性，各种因素则是夫妇每个人的 29 个情绪、社交和认知特点。

回归方法是查尔斯·达尔文（Charles Darwin）的亲戚弗朗西斯·高尔顿（Francis Galton）100多年前提出的。早在1877年，高尔顿给出了第一个回归估计公式。还记得奥利·阿森费尔特预测葡萄酒品质的简单公式吗？这个公式就是通过回归得到的。高尔顿的第一个回归估计同样与农业有关。他得出了一个公式，用于根据亲代甜豌豆的种子大小预测子代甜豌豆的种子大小。高尔顿发现，大种子的后代往往比普通种子或小种子的后代大，但是没有它们的亲代那么大。

通过计算，高尔顿得出了另一个回归公式，发现了父亲和儿子身高的类似趋势。高个子父亲的儿子比一般人高，但是没有父亲那么高。在回归方程中，这意味着儿子身高的预测值是父亲的身高与某个小于1的因数的乘积。实际上，在高尔顿的估计中，儿子身高与平均身高的差值对应于父亲身高与平均身高差值的2/3。

在计算父母和孩子智商关系的回归估计等式时，高尔顿再次发现了这种模式。聪明父母的孩子比一般人聪明，但是不像父母那么聪明。"回归"一词与回归方法本身没有任何关系。高尔顿之所以将这种方法称为回归，是因为他估计的第一个事物刚好表现出了这种趋势——即高尔顿所说的"向平庸回归"——我们现在称之为"向均值回归"。

回归可以得到与数据最为匹配的方程。虽然回归方程是用历史数据估计出来的，但它可以用于预测未来发生的事情。高尔顿最初的方程将种子和孩子的尺寸（身高）预测为亲代尺寸（身高）的函数。奥利·阿森费尔特的葡萄酒方程预测了温度和降水对于葡萄酒品质的影响。

eHarmony 得出了预测偏好的公式。与网飞和亚马逊的偏好引擎不同，eHarmony 回归试图用人们可能不知道或者无法表述的个性和性格特点将兼容的人匹配在一起。实际上，eHarmony 可能将你与你从未想过可能喜欢的人相匹配。这是超越个体成员有意识选择的群体智慧，它可以看到在无意识的隐性层面发挥作用的事物。

eHarmony 不是唯一试图使用数据驱动型匹配的网站。Perfectmatch 也在根据迈尔斯-布里格斯性格测试的修正版本进行用户匹配。20 世纪 40 年代，伊莎贝尔·布里格斯·迈尔斯（Isabel Briggs Myers）和她的母亲凯瑟琳·布里格斯（Katharine Briggs）根据卡尔·荣格（Carl Jung）的性格类型理论设计了一种测试。迈尔斯-布里格斯测试将人们分成 16 个不同的基本类型。Perfectmatch 用这种分类寻找之前结成持久关系概率最高的性格，将拥有这些性格的人相匹配。

True.com 也不甘示弱，该网站收集客户的 99 个关系因子数据，将结果反馈到回归公式中，以计算任何两个成员之间的兼容指数得分。从本质上说，True.com 可以让你知道你和其他任何人和谐相处的可能性。

这三项服务都在利用数据进行兼容性预测，但它们的结果存在显著区别。eHarmony 坚持寻找与你非常类似的人。沃伦表示："我们一直在研究如何寻找在智力、抱负、精力、精神、兴趣方面与你非常类似的人。这是一种相似性模型。"

相比之下，Perfectmatch 和 True.com 则是在寻找互补性格。"不管是通过经验还是出于真心，我们所有人都知道，我们有时会被和我们不同的某人吸引，甚至可以更好地和他们相处，"执掌 Perfectmatch 的实证主义者佩珀·施瓦茨（Pepper Schwartz）说，"所以，迈尔斯-布里格斯测试的优点不仅在于性格，而且在于匹配方式。"

这种关于结果的分歧不是数据驱动型决策应该有的现象。数据应该可以判断更加匹配的人具有相似还是互补的特点。我们很难说清谁对谁错，因为这种分析及其依据的数据是严格保守的行业机密。任何人都可以从互联网上下载我的研究数据（关于出租车小费、反歧视行动和枪支管制的研究），但互联网约会服务匹配规则背后的数据则是有专属权的。

雅虎 Personals[①] 的开发者马克·汤普森（Mark Thompson）指出，将社会科学标准应用于市场是不切实际的。"同行评议制度在这里是行不通的，"汤普森说，"我们用两个月时间为雅虎开发

---

① 雅虎旗下的交友平台，于 2010 年被 Match.com 取代。——译者注

了这个系统。我们几乎夜以继日地工作。我们对 5 万人进行了研究。"

另一方面，匹配网站开始争相证明自己的说法。True.com 强调，它是唯一由独立审计机构认证过方法的网站。曾是 True.com 首席心理学家的詹姆斯·胡兰（James Houran）对于 eHarmony 的数据声明尤其不屑一顾。"我甚至没有看到他们曾为测试进行研究的证据，"胡兰说，"如果你宣称你在做一些科学的事情……你需要通知学术圈。"

作为回应，eHarmony 提供了一些证据，以表明其匹配系统的有效性。该网站赞助了一项哈里斯民调，证明 eHarmony 目前每天可以促成大约 90 场婚礼（每年超过 3 万场）。这当然比没有要好，但它并不是很大的成功，因为该网站有 500 多万会员，这意味着你所支付的 50 美元会员费使你走上红毯的概率只有大约 1%。其他竞争者很快指出了这个婚姻数据的不足之处。雅虎的汤普森表示，即使你"去西夫韦商店转一转"，你找到未来配偶的概率也会更高。

eHarmony 还表示，它有证据表明，它所促成的已婚伴侣生活更加和谐。该网站的研究人员 2006 年向美国心理协会展示了他们的结论，称在相似的时间长度里，通过 eHarmony 认识的已婚伴侣明显比通过其他途径认识的伴侣更加幸福。这项研究存在一些严重缺陷，但令我吃惊的是，大型匹配网站不仅在用数据开发算法，而且在用数据证明算法的合理性。

不过，这些服务的匹配算法不完全是由数据驱动的。所有服务至少部分依赖于客户的有意识偏好（不管这些偏好是不是兼容性的有效预测指标）。eHarmony 允许客户区别对待潜在伴侣的种族。虽然它只是在迎合客户的愿望，但是这种存在种族歧视的匹配服务可能违反了南北战争以来禁止合同中存在种族歧视的法律。想一想吧，eHarmony 是一家营利公司，它向黑人客户收取 50 美元费用，但却拒绝像对待一些白人客户那样对待他们（将他们与相同的人匹配）。如果一些顾客希望将餐厅里的一个区域作为"盎格鲁裔专属区"，餐厅因此拒绝让西裔顾客坐在这个区域，这家餐厅就会遇到很大的麻烦。

eHarmony 拒绝匹配同性伴侣的做法惹出了更大的麻烦。创始人的妻子兼高级副总裁玛丽莲·沃伦（Marylyn Warren）宣称："eHarmony 是面向所有人的，我们不存在任何歧视。"这显然不是事实。即使计算机算法根据用户对 436 个问题的回答认定两位男士是最兼容的，该网站也不会将他们匹配在一起。这是一个可悲的讽刺。不同于其他网站，eHarmony 坚持认为相似的人是最好的匹配。不过，在性别上，它却认为异性相吸。在排名前十的匹配网站中，eHarmony 是唯一不提供同性匹配的网站。

eHarmony 为何如此与众不同？即使在同性婚姻合法的马萨诸塞州，该公司也拒绝对男女同性恋客户进行匹配，这似乎与它所承认的帮助人们寻找持久满意婚姻伴侣的目标不符。沃伦自诩为"热情的基督徒"，多年来一直与詹姆斯·多布森（James Dobson）的专注家庭项目合作。不管统计算法结果如何，eHarmony 只愿意促成某些特定类型的合法婚姻。实际上，由于算法没有公开，因此 eHarmony 有可能在标准规则之上做了手脚，以支持特定客户。

不过，这些匹配服务背后有一个共同的重要思想，那就是基于数据的决策不需要局限于大众的有意识偏好。相反，我们可以研究决策结果，从数据中梳理出导致成功的因素。本章谈论的就是简单的回归是如何通过改进预测改变决策的。回归方法可以分析数据集，揭示就连专业观察也无法发现的诱因。有时，专家感觉某项因素对于某个结果具有重要的决定作用，但回归方法会发现这项因素作用不大。

举一个有趣的例子。加特·桑德姆（Garth Sundem）在《极客逻辑》一书中通过回归创建了一个公式，用于预测名人婚姻的持续时间。（结果表明，谷歌搜索条目越多，婚姻的持续性就越差——尤其是当前几项谷歌搜索条目包含挑逗性照片时！）eHarmony、Perfectmatch 和 True.com 也在做同样的事情，但他们的目的是盈利。这些服务正在参与一种新的超级数据分析竞争。这是一种正在进行的完全不同的游戏。

赌徒的痛点可以量化

劳氏和电路城等公司也在使用同样的统计匹配方法。电路城正在用超级数据分析方法挑选应聘者。雇主希望预测哪些应聘者能够专注于工作。与试图推测应聘者智商的传统能力测试不同，现代测试更加类似于 eHarmony 的问卷调查，试图评估应聘者的三个基本性格特征：责任心、亲和性和外向性。数据挖掘显示，这些性格特征比传统能力测试更能预测工人的生产力（尤其是产出）。芭芭拉·埃伦赖希（Barbara Ehrenreich）在明尼阿玻利斯沃尔玛做了一项就业测试，其中一项判断题是"每家公司都能容忍特立独行者"。她打了勾，结果答错了，这令她很吃惊。回归表明，认为沃尔玛适合特立独行者的人不适合在该公司工作，很容易离职。你可能认为，沃尔玛和其他雇主应该对其无聊透顶的工作做出调整，使其不那么乏味。不过，在单调工作具有合法性的世界里，经过统计验证的测试完全可以帮助人们寻找与工作岗位最为匹配的员工。

挖掘隐性预测因素不只与挑选优秀应聘者有关。它也在帮助企业降低成本，尤其是滞销库存成本。善于预测需求的企业可以更好地预测哪些商品何时会短缺。同样重要的是，企业应该知道哪些商品何时不会短缺。公司可以通过超级数据分析实现适时采购，而不是承受大量库存闲置的成本。沃尔玛和塔吉特等公司正在努力做到不让自己拥有任何多余库存。"货架上的商品就是他们的全部库存，"天睿数据挖掘公司总经理斯科特·格瑙（Scott Gnau）说，"如果我买走 6 罐黄玉米，货架上只剩下了 3 罐，就会有人立即知道此事，并确保即将前来送货的卡车装上更多玉米。事实上，当你把商品放到卡车上时，零售商也在配送中心为卡车装货。"这些预测策略可以基于非常具体的未来需求。在 2004 年飓风伊凡袭击佛罗里达之前，沃尔玛已经开始向飓风路径上的门店紧急配送草莓玉米饼了。沃尔玛分析了飓风袭击区域的其他门店，认为人们在飓风到来时很喜欢黏乎乎的玉米饼，因为这种手抓食物不需要烹饪和冷藏。各公司正在参与"分析竞争"，希望在数据挖掘上胜过对手，率先发现并利用隐性盈利因素。

　　一些超级数据分析是在公司内部进行的，但天睿等专业公司可以存储和分析很大的数据集。其中，天睿管理的数据达到了太字节量级。65% 的全球顶级零售商正在使用天睿的服务，包括沃尔玛和杰西潘尼。超过 70% 的航空公司和 40% 的银行是天睿的客户。

　　太字节量级的数据分析有助于预测哪些顾客可能转投竞争对手的怀抱。大陆航空公司会对能提供最高盈利价值的顾客跟踪每一个可能提高叛逃概率的负面体验。当经历过糟糕旅行的顾客下次搭乘飞机时，数据挖掘程序会自动介入，向机组成员做出预先通知。曾担任大陆航空公司顾客关系管理总监的凯利·库克（Kelly Cook）向《太字节杂志》解释道："最近，在从达拉斯飞往休斯敦的班机上，一名服务员来到一位顾客身边，说：'您想喝点什么？顺便一提，你昨天从芝加哥寄送的行李被我们弄丢了，我对此深表歉意。'结果，这位顾客很生气。"

联合包裹服务公司用更加复杂的算法预测顾客何时可能转投另一家运输公司。前面我们看到的用于葡萄酒和匹配的那种回归公式被用于预测顾客的忠诚度何时面临危机。在顾客转换门庭的念头出现之前，联合包裹服务公司就会采取行动。销售员会主动给顾客打电话，留住这位顾客，解决潜在问题，从而大大降低账面损失。

哈拉斯赌场可以极其精细地预测出在持续盈利的前提下应该从客户口袋中掏走多少钱。哈拉斯的"全奖"顾客用电子卡刷卡结账，因此哈拉斯可以获取这种顾客在每家哈拉斯赌场进行的每一场游戏的信息。哈拉斯可以实时了解每个玩家每手牌（或者每一注）的输赢金额。它将这些赌博数据与顾客年龄和所在地平均收入等信息结合在一起，所有这些都发生在数据库里。

哈拉斯用这些信息预测每个赌徒在输钱后仍然愿意下次前来光顾的输钱金额。它将这个神奇数字称为"痛点"。和之前一样，这个痛点是通过将顾客属性代入回归公式得到的。例如，谢莉（Shelly）是中上阶层社区的 34 岁白人女性，喜欢玩老虎机。根据系统预测，她每个晚上的赌博痛点是损失 900 美元。当谢莉玩老虎机时，如果数据库发现她的损失金额即将达到 900 美元，赌场就会派出"幸运大使",把她从游戏中拉回来。

"你走进赌场,刷了卡,坐在老虎机前,"天睿公司的格瑙说,"当你接近痛点时,他们会走过来说,'我发现您今天不太顺。我知道您喜欢我们的牛排店。现在,我想请您带着太太在我们这里用餐。'于是,顾客不再感到痛苦了。他会感到很愉快。"

对一些人来说,这种操作是一种尽量从顾客口袋中反复掏钱的邪恶科学。对另一些人来说,它是提高顾客满意度和忠诚度、确保顾客获得应有回报的科学。实际上,二者兼而有之。哈拉斯正在使这种具有成瘾性和毁灭性的经历变得更加愉快,对此我很担忧。不过,由于哈拉斯的痛点预测,顾客在离开时会变得更加快乐。

哈拉斯的收益定位策略正在被不同零售市场采纳。例如,天睿发现,它的一个航空公司客户根据常旅客每年的飞行距离为其提供福利,其中白金客户获得的福利最多。不过,该航空公司并没有考虑到这些顾客带来了多少利润。他们没有分析机票是不是打折票,或者这些顾客是否通过呼叫客户服务为公司带来了额外成本。最重要的是,他们没有计算乘客旅行路线的票价。在天睿根据这些盈亏因素进行数据分析后,航空公司发现,几乎所有白金旅客都没有为公司带来利润。天睿的斯科特·格瑙总结道:"所以,他们在鼓励人们做出不利于公司的举动。"

大字节数据挖掘的出现意味着免费午餐时代的终结。航空公司可以将福利定位于为其带来较大利润的顾客，而不是让这些顾客补贴利润较小的顾客。不过，消费者需要当心！在这个全新的世界里，当哈拉斯和大陆航空这样的公司将关注点投向顾客时，你应该感到担心。这很可能意味着你之前支付的费用太高了。航空公司正在学会为那些带来较大利润的顾客提供升舱和其他福利，而不是仅仅向飞行距离最长的顾客提供福利。例如，格瑙解释说，当你不是在网上购票，而是通过客服中心购票时，航空公司可以收取更多费用，以"鼓励人们为公司带来更多利润"。

通过这种超级个体化的消费者划分，公司还可以提供明显对社会有利的个人化服务。先进的保险方案可以利用新的数据挖掘能力定义非常细致的消费者群体，比如30岁以上、受过大学教育、信用分数超过一定水平、没有发生过事故的摩托车手。公司为每个小群体进行回归分析，以确定与该群体保险支出关系最为密切的因素。公司可以对于这种得到极大扩展的因素集合进行超级数据分析，从而为那些传统上不可保险的消费者制定价格。

超级数据分析还孕育出了新的提取科学。数据挖掘使公司可以更好地预测个体化痛点，以制定个体化价格。如果你的走人价格比我高，公司就会根据数据挖掘的结果以某种方式向你收取更高的价格。在超级数据挖掘的世界里，消费者不能像以前那样心不在焉了，你不能因为其他人关注价格就认为公司对所有人一视同仁。公司正在制定越来越复杂的策略，以不同方式对待关注价格的人和不关注价格的人。

当公司比客户更理解客户

数据挖掘有时会使企业获得相对于消费者的决定性信息优势。你可能不太清楚你在预付汽油费用时可能在油箱里留下多少汽油，但赫兹公司在分析了太字节量级的销售数据后比你更加清楚这一点。辛格勒知道你超出"不限时段分钟数"或留下一些未用分钟数的概率。百思买知道你根据延保索赔的概率。百视达知道你延期返还录像带的概率。

在上述这些例子中，各公司不仅知道某种行为的总体概率，而且可以非常准确地预测每个消费者可能具有的行为。大规模数据挖掘的力量使人想到了《诗篇》139 篇开头令人毛骨悚然的话语：

> 你寻找我，便知道我。
> 你知道我何时坐下，何时站起；你从远方感受我的思想。
> 你晓得我的外出和躺卧；你熟悉我的一切。

我们可能拥有自由意志，但数据挖掘会使企业变成像全能上帝一样的存在。实际上，通过超级数据挖掘，公司对你的行为预测有时比你自己的预测还要准确。

不过，对于公司可能占据的优势，我们可能只需要确保消费者知道数据挖掘的存在，而不是试图阻止统计分析。这些预测模型的出现意味着公司可能需要承担新的告知义务。通常，政府只要求公司向消费者告知他们的产品或服务（"日本制造"）。现在，公司对消费者的了解有时比消费者还要多。我们可以要求公司向消费者告知关于自身的信息。在你同意为汽油预付费用之前，如果安飞士租车告诉你，与你类似的人在还车时往往会留下超过三分之一的汽油，这对你可能有利——你会知道预付汽油的有效价格是每加仑四块钱。或者，当威瑞森的统计模型认为你在使用错误的电话方案时，他们可能需要通知你。

政府也可以对它的一些大型数据集合进行超级分析，以便向人民提供关于他们自身的信息。实际上，超级数据分析也许可以真正促进政府的改革。如今的国税局几乎遭到了所有人的唾弃。不过，国税局的海量信息可以为人们提供帮助，前提是它愿意分析并公布结果。如果人们将国税局看作有用信息的来源，世界会变成什么样呢？国税局可以告诉某家小企业，它的广告支出可能太多了。或者，国税局可以告诉某个人，平均而言，他这种收入水平的纳税人会做出更多的慈善捐助，或者在个人退休账户里存上更多的钱。哎，国税局甚至可以比较准确地估计出小企业（或者婚姻）的失败概率。实际上，据我所知，维萨卡已经在根据信用卡支出预测离婚概率了（以便更好地预测违约风险）。当然，所有这些与奥威尔笔下的世界有点类似。我可能不太希望收到国税局的通知，说我的婚姻面临风险。（我们稍后会考虑所有这些超级数据分析是否真的有价值。对私密问题进行准确预测的可能性并不意味着我们应该这样做。）不过，我可能至少希望有选择地让政府对我生活的各个方面做出预测。我们可以将国税局看作信息提供者，而不是单纯的收费者。我们甚至可以将国税局更名为"信息税收服务局"。

消费者的反击

即使没有政府的帮助，企业家也在为市场带来一些新的服务，这些服务将超级数据分析作为保护消费者的工具。这些公司通过数据分析对抗商家的大规模价格分析，以帮助消费者。在这方面，航空业是特别肥沃的土壤，因为航空公司正在使用日益复杂的定价计策——他们试图在数据库中找到每一个提高收益的机会。

猜猜某个消费者做了什么？奥伦·埃齐奥尼（Oren Etzioni）是华盛顿大学的计算机科学教授。在2002年一个命中注定的日子里，埃齐奥尼在坐飞机时发现，坐在他旁边的人以很低的价格购买了机票，而这仅仅是因为他购票的时间比较晚。埃齐奥尼很气愤。他让一个学生试着预测特定航线票价在不同购票时间的变化。仅凭少量数据，这个学生就可以比较准确地预测出消费者应该立即购票还是继续等待。

埃齐奥尼充分延伸了这一思想。他的做法很好地体现了面向消费者的超级数据分析如何对抗商家的数据分析式价格操纵。他创建了旅行网站 Farecast.com，用于搜索当前的最低价格。Farecast 比其他价格搜索网站走得更远。它添加了一个箭头，箭头向上表示票价可能上升，箭头向下表示票价可能下降。这种关于票价涨跌可能性的预测是有价值的，因为消费者可以知道自己是否应该抓紧时间采取行动。

"我们的作用类似于天气预报，" Farecast 总裁休·克林（Hugh Crean）说，"我们并没有预言能力，未来也不会获得预言能力。不过，我们真真正正地在一定程度上做了一款帮助消费者的旅行搜索服务。"坎布里奇市福雷斯特研究公司副总裁兼首席旅行分析师亨利·H.哈特维尔特（Henry H. Harteveldt）表示，Farecast 试图充当信息处理领域的旅客代言人。"Farecast 像股票经纪人一样提供指导，告诉你现在应该立即行动还是继续等待。"

这家公司（最初名为哈姆雷特，其格言为"买还是不买"）基于严肃的超级数据分析。它在 5 太字节的数据库中记录了 500 亿项价格数据，这些数据是从 ITA 软件公司购买的，后者是一家向旅行社、网站和电脑预订服务机构销售价格数据的公司。除了捷蓝航空和西南航空（二者不向 ITA 提供数据），Farecast 拥有几乎所有大型航空公司的信息。通过观察其他航空公司在相同路线上对于另外两个竞争者价格变化的反应，Farecast可以间接解释甚至预测捷蓝航空和西南航空的定价。

Farecast每天更新115个不同因素，用于对每个市场做出新的预测。它不仅关注历史定价模式，而且关注可能影响机票供需的一系列变量——比如油价和天气。就连超级碗的参赛队伍也是一个有用变量。该网站将所有这些信息转化成箭头，箭头向上表示价格预计将会上升，箭头向下表示价格预计将会下降。"这有点像看芭蕾舞，"哈特维尔特说，"我们看不到芭蕾舞演员多年来付出的辛苦、流过的汗水和经历的挫折。我们只是在大厅里观看他们在舞台上的优雅舞蹈。对于Farecast，我们看到的是舞台上的优雅舞蹈。我们看不到数据分析，我们也不太关心数据分析。"

Farecast负责对航空公司进行太字节量级数据分析。它使用的数据库和一些统计方法与航空公司用于榨取消费者的数据库和方法是相同的。不过，Farecast并不是通过分析数据帮助弱者的唯一服务。

其他一些服务也在出现，它们分析大型数据集合，以预测价格。Zillow.com在几个月时间里成了访问量最大的房地产网站之一。Zillow对于超过670万项住房价格数据进行分析，以帮助买家和卖家为住房定价。

如果你能预测住宅的售价，为什么不能预测掌上电脑的售价呢？这正是埃森哲正在做的事情。埃森哲信息技术集团研究员拉伊德·加尼（Rayid Ghani）过去 2 年挖掘了 5 万次 eBay 拍卖的数据，以预测 PalmPilots 和其他掌上电脑的最终售价。他希望说服保险公司甚至 eBay 向卖家提供价格保护保险，以保证他们将会获得的最低价格。加尼解释说："你在 eBay 上架一件宝贝。接着，如果你向我支付 10 美元，我就可以保证它至少卖上 1,000 美元。如果卖不上，我会支付差价。"当然，拍卖竞标者也会对这些预测感兴趣。不久以后，你一定会在常去的门户网站上看到竞标预测网站，它可以告诉你应该现在竞标还是等待下一项物品。

有时，超级数据分析也在帮助消费者顺利度过每一天。Inrix 的"灰尘网络"对于 50 万商业车辆的速度数据进行分析，以预测交通堵塞。今天，大量商业出租车和货运车辆装备了全球定位系统，可以实时传输关于自身位置和行驶速度的数据。Inrix 将这种交通流信息与天气、事故以及学校放学和摇滚音乐会散场时间等信息相结合，以提供从 A 点抵达 B 点最快方式的即时建议。

同时，加尼也在利用超级数据分析进一步提升我们购物体验的个性化水平。不久以后，超市可能会要求我们在进店时刷积分卡——此时，超市会对我们之前的购物经历进行数据挖掘，预测我们的哪些食物存在短缺。加尼认为，未来某一天，超市将成为食品采购顾问，告诉我们需要购买什么，并为当天的购物之旅提供特价优惠。

良好数据分析的简单预测力量可以应用于人们反复做同一件

事情的几乎所有活动。超级数据分析可以使商业交易中的某一方获得优势，但是这一方不一定是卖家。随着越来越多的数据日益免费开放，Farecast 和 Zillow 等代表消费者的服务会挺身而出，对其进行分析。

让人信服的回归方程

这些服务不仅可以告诉你价格的涨跌趋势，而且可以告诉你他们对于估计值的信任程度。所以，消费者不仅可以通过 Farecast 知道票价将会下降，而且可以知道这种预测的正确率是 80%。Farecast 知道，它有时拥有充分的数据，但在另一些时候没有足够多的数据，无法做出非常准确的预测。所以，它不仅可以显示最佳猜测，而且可以显示这种猜测的可信度。Farecast 不仅可以告诉你可信度，而且可以为其进行资金担保。它可以向你提供 10 美元的"票价守护"保险，用于保证它所提供的机票价格在一周内有效。如果无效，Farecast 会补上差价。

这种为预测提供置信水平的能力是回归方法最突出的特征之一。统计回归不仅可以生成预测，而且可以指出预测的准确度。没错——回归可以告诉你预测有多准确。有时，历史数据不够充分，无法做出非常准确的预测，回归方法的结果会告诉你这一点。实际上，回归可以做得更好，它不仅可以告诉你回归方程的整体精确度，而且可以告诉你回归方程中每一项的影响估计值精确度。

所以，沃尔玛可以通过就业测试回归知道三件不同的事情。首先，它知道某个应聘者留在工作岗位上的时间长度。其次，它知道这种预测的精确度。应聘者的预计工作时间可能是 30 个月，但回归也会显示出应聘者工作不到 15 个月的概率。如果 30 个月的预测相对准确，应聘者只工作 15 个月的概率就会很小，但是如果预测不准确，这个概率可能会变大。许多人想知道是否可以真正信任回归预测。如果预测不准确（可能是因为数据不佳或不完整），回归首先就会告诉你不要依赖这种预测。你上次听到传统专家提到预测准确度是在什么时候？

最后，回归输出可以告诉沃尔玛，它对回归方程每个部分影响的衡量准确度如何。沃尔玛不会公布回归公式的结果。不过，回归输出可能会告诉沃尔玛，认为"每家公司都能容忍特立独行者"的应聘者比不这样想的人工作时间短 2.8 个月。在应聘者其他特征保持不变的情况下，与这个具体问题相关的预测是工作时间减少 2.8 个月。回归输出甚至可以走得更远，得出"特立独行"应聘者工作时间更长的概率。根据 2.8 个月预测的准确性，这个概率即反向影响可能是 2% 或 40%。回归会开启对于自身的验证程序。它会告诉你降水增长对于葡萄酒的影响，以及这种影响是否真的有效。

世界是个数据矿

和谷歌整合全球信息的目标相比，对于消费者记录、航班价格和库存的太字节挖掘显得不值一提。据说，谷歌有 5 拍字节的存储容量。这相当于 5,000 太字节（1000 万亿字节）。乍一看，搜索引擎与数据挖掘似乎没有太大关系。谷歌为互联网上的所有词语制作了索引。如果你搜索"金橘"，谷歌会直接向你发送使用这个词语次数最多的所有网页列表。不过，为了帮助你找到你真正想要的金橘页面，谷歌会使用各种超级数据分析方法。

谷歌开发了个性化搜索功能，用你过去的搜索历史更加精确地猜测你的想法。如果比尔·盖茨（Bill Gates）和玛莎·斯图尔特[①]（Martha Stewart）分别搜索"黑莓"，那么盖茨很可能会在结果列表最前面看到关于电子邮件设备的网页，而斯图尔特很可能会看到关于水果的网页。谷歌正在将这种个性化数据挖掘应用到它的几乎每一项功能中。新的谷歌网络加速器可以极大地提高互联网访问速度，这不是源于硬件或软件技术的某种突破，而是通过预测你接下来希望阅读的内容实现的。谷歌网络加速器不断从网络上预先提取网页。所以，当你阅读某篇文章的第一页时，谷歌已经在下载第二页和第三页了。在你明天早上启动浏览器之前，谷歌就可以通过简单的数据挖掘预测出你希望浏览的网站（提示：

---

① 美国家喻户晓的励志系家政女王。——译者注

它们很可能是你在大多数日子里浏览过的网站）。

雅虎和微软正在这场分析竞争中拼命追赶谷歌的脚步。谷歌已经当之无愧地成了一个动词。坦率地说，谷歌极大地改善了我的生活，对此我很吃惊。不过，我们这些互联网用户并不是某个品牌的死忠。最能猜测我们心理的搜索引擎可能会赢得我们的大部分流量。如果微软和雅虎能够想办法在数据分析方面超越谷歌，它们就会很快取代它的位置。超级数据分析的胜利者将会获得网络流量带来的利益。

"坏蛋"是可以分析出来的

谷歌所有超级数据分析的开山鼻祖是其引以为傲的页面评分。在包含"金橘"一词的所有网页中，如果与某个网页相链接的网页较多，谷歌就会为它评定较高的分数。对谷歌来说，指向页面的每个链接都是对于这个网页的某种投票。不是所有投票都具有同等分量。同页面评分较低的网页（没有其他网页与之相链接）相比，重要网页投出的票具有更大的权重。

谷歌发现，页面评分较高的网页更有可能包含用户想要寻找的信息。用户很难操纵自己的页面评分。仅仅创建一系列新网页并让它们链接到你的主页是没有用的，因为只有页面评分比较高的网页发出的链接才会产生影响，而创建一个让其他网站与自己相链接的网页又没有那么容易。

页面评分系统具有网民所说的"社交网络分析"形式。这是"牵连之罪"的典型案例。执法部门也可以将社交网络分析作为法庭工具，用于确认真正的坏蛋。

我本人就做过这种数据挖掘。

几年前，我的手机失窃了。我在互联网上下载了我的手机发出和收到的通话记录。这就是网络分析发挥作用的地方。在我切断通话服务之前，窃贼打了100多通电话。不过，大多数发出和接收的通话只与少数几个电话号码有关。窃贼向一个电话号码呼叫了30多次，这个电话号码也曾多次打到我的手机上。当我拨打这个号码时，语音信箱称，这是杰西卡（Jessica）的手机。通话次数排在第三位的号码是杰西卡母亲的（听到她的女儿曾与失窃电话通话，她很不安）。

不是所有号码都能带来线索。窃贼曾多次呼叫当地天气服务台。不过，当我第五次拨出电话时，对方说他会帮助我找回手机。他的确做到了。几小时后，他在麦当劳停车场把手机还给了我。只要知道坏蛋拨打过的电话号码，你就有可能弄清这个坏蛋是谁。实际上，人们正是以这种方式通过手机记录找到了杀死迈克尔·乔丹父亲的两个凶手。

美国还曾使用这种网络分析方法侦察恐怖分子。据《今日美国》报道，国家安全局从2001年起开始打造一个数据库，包含了

2万亿次通话记录。这相当于几千太字节的信息。通过寻找"相关人士"的通话对象，国家安全局也许可以发现恐怖主义网络成员以及这个网络本身的结构。

就像我用电话记录模式确认偷走手机的坏蛋一样，瓦尔迪斯·克雷布斯（Valdis Krebs）对公共信息进行了网络分析，发现9·11劫机事件的所有19名犯人与中情局在袭击前已经知道的2个基地组织成员相隔不到两个电子邮件或通话的距离。当然，事后发现这种模式要容易得多，但对于大概率坏蛋的识别可能足以使统计调查员走上正确的道路。

一个涉及6.4万太字节的问题是，我们能否从某个嫌疑犯入手，根据社交网络模式可靠分析确定即将发生的阴谋？五角大楼不会宣布其数据挖掘承包商——包括我们的朋友天睿——是否取得了成功，这可以理解。不过，我作为法庭经济学家侦查犯罪欺诈的经历使我抱有乐观态度。我相信，超级数据分析可能会为国家安全做出贡献。

寻找神奇数字

几年前，时任纽约市学校建设管理局检察长的彼得·波普（Peter Pope）给我打电话寻求帮助。在一项十年计划中，建设管理局每年花费大约10亿美元，用于改造纽约市的学校。许多学校严重失修，许多资金被用于"外层"工作——即屋顶和外部维修，以维持建筑物外表的完整性。纽约市曾长期被建筑腐败和竞标操纵的丑闻困扰，因此纽约州议会设置了检察长这一新职位，以终结过高的成本和浪费。

彼得刚刚从法律系毕业，希望制定一种完全不同的公共利益法律。确保建筑拍卖和合同变更通知公开透明并不像接手死刑案件或在最高法院进行辩论那样光鲜，但彼得希望确保数千名学生拥有像样的读书环境。他和他的团队几乎是在冒着生命危险工作。有组织的犯罪者并不希望有人插手进来，干涉他们的事情。当彼得到来时，一切都不同了。

彼得之所以给我打电话，是因为他发现，他的一些改造项目竞标存在一种特别的欺诈。他称之为"神奇数字"欺诈。

1992 年夏，梅里斯建筑公司主要所有人埃利亚斯·梅里斯（Elias Meris）遭到国税局调查。在国税局从宽处理的承诺下，梅里斯同意戴上窃听器，提供关于竞标操纵欺诈的信息，这些信息涉及学校建设管理局员工和其他承包商。梅里斯暗中为检察官录下了他与高级项目官员约翰·德朗斯菲尔德（John Dransfield）和合同专员马克·帕克（Mark Parker）的对话。

合同专员负责在项目竞标会上依次打开承包商的密封标书，宣读承包商的报价。

在"神奇数字"欺诈中，行贿承包商提交的密封标书中写有他对于这个项目能够接受的最低价格。在标书公开仪式上，帕克会把不法承包商的标书放到最后。他知道当前最低竞标价格，因此会读出只比这个价格低一点的虚假竞标价。这样一来，行贿者就会获胜，但他获得的报酬只比本应获胜的竞标者少一点点。接着，德朗斯菲尔德会用修正液篡改行贿者的标书——写上帕克宣读的数字。（如果最低真实竞标价低于不法行贿者能够接受的最低价格，合同专员就不会使用修正液，他会宣读不法行贿者写下的竞标价格。）在这种"神奇数字"欺诈中，只要不法行贿者能够接受的价格低于最低真实竞标价，他就可以赢得合同，而且会获得尽可能多的报酬。

经过调查，波普最终发现了 7 家存在欺诈的承包公司，涉及 11 个人。当你下次考虑改造位于纽约的住所时，你应该不会选择克里斯特加佐尼斯电力承包公司、GTS 承包公司、巴泰克斯承包公司、美国建设管理公司、沃尔夫穆尼尔公司、西明斯法洛蒂科集团以及 CZK 建设公司。这 7 家公司通过"神奇数字"欺诈方法赢得了至少 53 次竞标项目，标的总额超过 2,300 万美元。

波普发现了这些坏蛋，但他还是给我打了电话，以了解能否通过统计分析追查其他"神奇数字"欺诈现象。我们与拍卖大师彼得·克拉姆顿（Peter Cramton）以及年轻的天才研究生艾伦·英格拉姆（Alan Ingraham）合作，进行了回归运算，以考察特定合同专员是否存在欺诈。

这简直是大海捞针。我们不知道某个专员是否会对他的所有拍卖进行操纵。事情的关键是寻找最低和次低竞标价差距很小的拍卖。我们控制了其他一组变量，包括竞标人数、工程师拍卖前的成本估计以及拍卖中第三低的竞标价，然后进行了统计回归。艾伦·英格拉姆发现了另外两个合同专员。在他们主持的所有拍卖中，获胜竞标价和次低竞标价的差距极小。在不知道合同专员姓名的情况下（检察长的数据仅用编号来表示他们），我们就为检察长的工作指明了新的方向。艾伦将这项工作转化成了博士论文的两个章节。检察长的调查结果是保密的，但彼得很欣赏我们的工作。他在今年早些时候向我道谢，说我帮助他们抓到了另外两个骗子。

这个"神奇数字"的故事展示了超级数据分析是如何揭示过去的。超级数据分析还可以预测你未来的需要和行动。eHarmony、哈拉斯、神奇数字和Farecast的故事共同表明，回归已经跨越了学术边界，正在被用于预测各种事情。

回归公式具有"即插即用"的特点——只要插入指定参数，就会得到预测结果。当然，不是所有预测都具有同等价值。河流不会高于源头，回归预测也不可能克服数据不足的问题。如果你的数据集合太小，任何回归都不会给出非常准确的预测。不过，不同于直觉主义者，回归知道自己的局限，可以回答郭德华（Ed Koch）很久以前的竞选问题"我做得怎么样"。

魔鬼统计学

Super Crunchers：
Why Thinking-By-Numbers is the New Way To Be Smart

第二章　反直觉：随机化与最优解

1925 年，现代统计学之父罗纳德·费希尔（Ronald Fisher）正式提出，我们可以通过随机分配检验特定医疗干预是否具有事先预测的效果。首次人类随机试验（对抗结核病的早期抗生素）直到 20 世纪 40 年代末才得以实现。如今，在食品和药物管理局的鼓励下，随机检验成了证明某种医学疗法是否有效的黄金标准。

本章介绍企业是如何相互赶超的。聪明的企业知道，回归方程可以帮助他们做出更好的预测。不过，我们还会首次看到，一些企业将回归预测与基于自身随机试验的预测相结合。企业正跃跃欲试，通过抛硬币创建自己的数据。我们将会看到，随机检验正在成为数据驱动型决策的重要工具。和新的回归研究类似，我们还是需要通过超级数据分析回答哪些因素有效这一基本问题。将这两个超级数据分析核心工具相结合的典型案例是一家以"你的钱包里有什么"这一问题闻名的公司。

"第一资本公司"是美国最大的信用卡发行公司，位于超级数据分析革命的最前沿。超过 250 万人每月都会给第一资本打电话。该公司为此做好了准备。

当你呼叫第一资本时，语音提示会立即要求你输入卡号。在客服代表的电话响起之前，计算机算法就会介入，对你的账户和账户持有者的几十项特性进行分析。在超级数据分析的帮助下，他们有时甚至可以在你提出问题之前回答你的问题。

第一资本发现，一些顾客之所以每月拨打电话，是为了查询他们的余额，或者查看他们的付款是否成功。计算机会跟踪拨打电话的人，将其转到自动系统，以如下方式告知顾客："您的账户目前欠款 164.27 美元。如果您有账单问题，请按 1……"或者"我们已于 2 月 9 日收到您的上次付款。如果您需要咨询客服代表，请按 1……"查尔斯·菲什曼（Charles Fishman）在《快公司》上撰文指出："过去需要花费二三十秒甚至一分钟的通话现在只需要十秒。每个人都是赢家。"

超级数据分析还将客户服务转变成了一个销售机遇。顾客特性数据分析可以生成这种消费者最愿意购买的产品和服务清单，客服代表在接通电话时可以立即看到这份清单。这与亚马逊那种"喜欢该商品的顾客还喜欢……"的功能非常类似，但它是通过客服代表传达的。目前，第一资本每年可以通过客服营销实现一百多万销售额——他们的数据挖掘式预测是其中的主要原因。还是那句话，每个人都是赢家。

不过，大家获得的利益可能并不均等。第一资本会尽量为自己提供最大份额的收益。例如，每当顾客试图取消账户时，经过统计验证的算法就会自动介入。如果顾客价值不大，他就会被转到自动服务，通过几次按键注销账户。如果顾客之前曾经（或者之后预计会）为公司带来盈利，计算机就会将他转到"维系专员"，并且生成一份可以提供给他的优惠清单。

例如，来自北卡罗来纳的南茜（Nancy）打来电话，想要关闭账户，因为她感觉16.9%的利率太高了。第一资本把她的电话转到维系专员蒂姆·戈尔曼（Tim Gorman）。第一资本的计算机自动向蒂姆展示了三个较低的利率——最低的是9.9%，最高的是12.9%。他可以向南茜提供这些利率，以便留住她的业务。

当南茜在电话里宣称自己刚刚拿到其他信用卡机构利率为9.9%的信用卡时，蒂姆回复说："好吧，夫人，我可以把您的利率降至12.9%。"通过超级数据分析，第一资本知道，许多人对于这种降幅感到满意（尽管他们声称自己获得了另一张利率较低的信用卡）。当南茜接受蒂姆的条件时，蒂姆立即获得了奖金。每个人都是赢家。不过，第一资本通过数据挖掘获得了更多利益。

第一资本掷骰子

第一资本真正与众不同的地方在于，它愿意进行实验。第一资本没有满足于对消费者行为的历史分析，而是主动干预市场，进行随机化实验。

2006年，它进行了超过2.8万次实验，以检验新的产品、广告策略和合同条款。

在信封外侧印上"限时优惠"是否比"2.9%先期利率"更加有效？为了回答这个问题，第一资本将意向客户随机分成两个小组，观察哪种策略成功率最高。

这看上去太简单了。你只需要让计算机抛硬币，然后以不同方式对待抛出正面和背面的意向客户。不过，这正是历史上最强大的超级数据分析技术的核心思想。

当你依赖于历史数据时，剔除诱因要困难得多。当历史数据的挖掘者想要弄清化学疗法是否比放射疗法更有效时，他需要控制其他所有因素，比如患者属性、环境因素，以及其他所有可能影响结果的因素。不过，在大型随机研究中，你不需要控制这些因素。我们不需要考虑患者是否吸烟或者是否患过中风。相反，我们可以相信，在大型随机划分中，每种治疗类型中会出现大约相同比例的烟民。

样本大小是关键。如果我们得到足够大的样本，我们就可以相信，得到正面的小组与得到背面的小组具有相同的统计特性。如果我们接下来进行干预，以不同方式对待正面小组，我们就可以测量完全来自干预的效果。超级数据分析师称之为"处理效应"。它是数字分析领域的因果圣杯。经过随机化处理，两个小组在其他每个维度上具有相同特性。此时，我们可以相信，两个小组结果的任何差异都是由它们的不同处理方式导致的。

第一资本的随机化测试已经进行了很长时间。早在 1995年，它曾进行过一项更大的实验。它生成了 60 万意向客户的邮寄清单，将这群人随机分成 10 万人的小组，为每个小组邮寄一组不同的条款，六组条款在优惠利率的总额和持续时间上存在区别。第一资本通过随机化创建了两类数据。最初通过计算机进行的硬币抛掷本身就是第一资本创建的一种数据，第一资本由此决定是否将某个意向客户分到特定小组。更重要的是，这些小组的反应形成了新的数据，而这完全是实验本身造成的。第一资本对这些具有统计相似性的小组的平均响应率进行比较，看到了不同条款的影响。通过这种大规模研究，第一资本得知，提供 6 个月的 4.9% 的优惠利率比提供 12 个月的 7.9% 的优惠利率更加有利。

多年来，学者们一直在医学和其他领域进行随机化实验。现在的不同之处在于，企业正在依赖随机实验重新制订公司政策。它们可以看到最有效的做法并立即改变公司策略。当学者发布论文称篮球运动存在放水现象时，这不会给篮球运动带来太大变化。不过，当企业将数万美元投资于随机化测试时，他们希望对结果加以利用。

其他公司也跃跃欲试。"信用补偿公司"是南非最大的微贷款公司之一，其150家分公司遍布全国。2004年，它借助随机化试验推销它的"现金贷款"。和美国的发薪日贷款类似，现金贷款是面向"贫困工人"的短期高利率贷款。这些贷款在南非是一笔很大的生意，因为该国每时每刻都有多达660万的借款者。典型的贷款金额只有1,000兰特（150美元），大约是借款人月收入的1/3。

信用补偿公司向之前的客户寄出了超过五万份的直邮宣传册。与第一资本的邮件类似，这些宣传册提供从3.25%到11.75%的随机利率。作为经济学家，我很欣慰地从信用补偿公司的实验中得知，贷款定价越低，需求就越大。

不过，价格并非事情的全部。这项测试的有趣之处在于，信用补偿公司同时对宣传册的其他部分进行了随机化处理。这家银行发现，只要在宣传信件的角落添加微笑女性的照片，男性顾客的回复率就会上升，其效果和利率降低4.5%一样大。他们还发现了一个更加重要的因素。他们在寄信一周前请营销搜索公司给客户打电话，直接问："您在未来几个月是否会有大额支出，比如维修住宅、交学费、购买家电、举办仪式（婚礼等），或者偿还高额贷款？"接到这种电话的客户也具有更高的回复率。

想一想暗示的力量吧。只要让人们看到美好的照片，或者在非营销背景下提醒他们可能需要贷款，他们对于宣传册做出响应的可能性就会大大提高。

我们怎样知道照片或电话真的会提高响应率？和之前一样，答案在于抛硬币。平均而言，对于超过5万人的随机化处理可以确保看到照片和没有看到照片的人在其他各个维度上大致相同。所以，两个群体平均响应率的任何差异一定是由他们的处理差异造成的。

当然，随机化并不意味着每个看到照片的人与没有看到照片的人完全相同。如果我们观察收到有照片宣传册的群体的身高，我们就会看到钟形曲线分布。重要的是，我们可以在收到无照片宣传册的群体中看到同样的身高钟形曲线分布。随着样本的增大，两个群体的分布会变得越来越相似，因此我们可以将群体平均响应的任何差异归结于处理差异。

在实验室环境下，研究人员在创建数据时需要仔细控制每一项因素，以创建两个相互匹配的数据项。除了被检验的属性，它们的其他所有特性完全相同。在实验室之外，创建在所有外部维度上完全相同的数据项有时是根本不可能的。此时，企业可以通过随机化创建数据，无须创建一对对完全匹配的数据项。随机化过程可以创建相互匹配的分布。因此，超级数据分析师可以进行与对照检验等效的检验，无须费力地对几十个或者几百个潜在混淆变量进行匹配和控制。

以盈利为目的的随机化营销试验具有很明显的意义。与其降低5%利率，为什么不直接加入一张照片呢？当信用补偿公司得知研究结果时，他们准备将其付诸实施。不过，在对测试进行分析后不久，这家银行被收购了。新的银行不仅叫停了未来的测试，而且解雇了信用补偿公司的大量员工——包括最支持测试的人。讽刺的是，一些前员工将测试的结论牢记于心，在信用补偿公司的竞争对手那里找到新的工作，正在将这些结果付诸实施。

你看到的可能是随机测试网页

进行随机测试的并非只有银行和信贷公司。实际上，Offermatica.com 已将互联网随机化转化成了真正的艺术形式。马特（Matt）和詹姆斯·罗奇（James Roche）两兄弟 2003 年创办了 Offermatica，对互联网易于随机化的特点加以利用。马特是总裁，詹姆斯则是公司董事长。顾名思义，Offermatica 对选项进行自动化测试。想知道某种网页设计是否优于另一种？Offermatica 会进行软件设置。当人们点击你的网站时，两个页面会被随机发送给访客。接着，软件可以实时告诉你哪个页面得到了更多"点击"，哪个页面引发了更多购买行为。

此外，他们还可以让你同时进行多项测试。信用补偿公司随机选择利率并独立决定是否使用照片；类似地，Offermatica 可以对网页设计的多个维度随机化。

例如，Monster.com 希望测试雇主主页的七个不同元素。比如，他们希望知道某个链接应该显示"搜索并购买简历"还是"搜索简历"，或者是否应该设置"了解更多"链接。总体而言，Monster 希望测试 128 种不同的页面组合。通过使用"田口方法"，[①] Offermatica 只需测试 8 种"菜单"页面，并且可以准确预测其他 120 个未经测试的网页效果如何。

Offermatica 软件不仅可以自动随机化，而且可以自动分析互联网的响应。在测试过程中，Monster 可以实时看到不断更新的图像，上面不仅显示了 8 个菜单页面的表现，而且显示了未测试页面在促进销售方面可能具有的表现。每条备选页面的曲线在图像上从左向右延伸，就像赛马一样，可以清晰显示出获胜者和失败者。想想吧，这是对于 128 个不同处理方式数万次观测的实时信息。Offermatica 的例子表明，超级数据分析常常可以利用技术缩短数据收集、分析和实施的时间。有了 Offermatica，测试和营销调整的间隔时间可能只有数小时而已。

顺便一提，如果你认为你有很好的图像判断能力，请试着说出下面哪个画面的测试效果更好：

---

① 这种方法的名称来自田口玄一，他在 50 多年前设计了这种方法，以帮助制造商用原本需要进行测试的一组测试子集测试生产过程的多个方面。——译者注

创建工作清单	发布工作	查询简历
· 现在购买，即刻发布 · 1 年以内按需发布 · 每项工作最高节省费用 43%	· 发布工作权限达 60 天 · 使用清单或者即时发布 & 支付 · 轻松响应在线反馈	· 查询具体工作岗位要求 · 浏览、保存 & 编辑在线简历 · 免费测试
了解更多	了解更多	了解更多

或者

有偿工作发布	发布工作	查询简历
· 未雨绸缪 · 发布两项以上更优惠 · 12 个月以内按需发布	· 快速获取回馈 邮件或在线 · 使用你的清单或单独发布 一项工作仅需 365 美元	· 搜索符合条件简历 · 本地或全国选项供您参考 · 免费测试
了解更多	了解更多	了解更多

来源：Monster.com Scores Millions, http://www.offermatica.com/stories-1.7.html

　　我本人认为第二个画面的圆角图标更吸引人。Monster 也是这样想的。第二个画面是 Monster 在测试之前首先使用的画面。不过，事实证明，看到第一个画面的雇主每次访问的支出要多8.31%。这相当于 Monster 商业部门每年多出几千万美元的收入。Monster 没有相信最初的直觉，他们大胆地改变了现状，然后观察效果。他们创建了一种新数据，并对其最初的直觉进行检验。

　　乔安纺织得到了更加令人意外的结果。测试多个组合的部分威力在于，它让公司变得更加大胆，在营销测试中愿意冒更大的风险。你可能认为 JoAnn.com 的网络流量不足以进行互联网测试，但他们每月可以吸引一百多万不同访客。这样的流量足以进行各种测试。

所以，当 JoAnn.com 对网站进行优化时，他们决定赌一把，在测试中使用一个看起来预期效果并不很好的缝纫机促销广告："购买两台机器立减 10%。"他们并不期待这项测试取得成功。毕竟，有多少人需要购买两台缝纫机呢？令他们吃惊的是，这项促销带来了当时最大的回报。"人们把朋友拉了过来。"JoAnn.com 首席运营官林斯利·唐纳利（Linsly Donnelly）说道。这项折扣将他们的顾客转变成了销售代表。总体而言，随机测试将平均每位访客带来的收益提高了 209%，这很了不起。

在钢筋混凝土的世界里，要想得到具有统计显著性的结果，随机化实验的样本必须足够大，其成本有时会严重限制实验数量。不过，互联网改变了这一切。"让一群人获得指定体验的成本接近于零，因此你可以提供的体验数量接近于无限。"Offermatica 总裁马特·罗奇说道。

观察消费者对于一组不同在线体验的反应正是 Offermatica 所做的事情。在决定者的选择上，这是一种完全不同的模式。谈到公司控制消费者眼球的斗争，马特立刻兴奋起来："在我参加过的会议中，人们会坐在桌子周围争夺话语权。分析师会将历史数据作为护身符。品牌建设者对于如何提升品牌有着执着的坚持。当然，还有最权威的老板，他们习惯于认为自己无所不知。所有这些权威形式取代了顾客的声音。实际上，我们在 Offermatica 所做的工作就是倾听消费者的愿望。"

Offermatica 不仅需要与公司内部研究历史数据的分析师斗争，而且需要对抗那些在大学实验室里进行超级控制实验的"可用性专家"。可用性专家相信某些在实验室确立的公理——比如"人们首先观察左上角"或者"人们观察红色事物多于蓝色事物"。对此，罗奇表示："在现实世界里，广告需要与其他许多输入竞争，因此不存在对照实验这种事物。这些人所说的真理就像信息海啸中的沙堡一样。"对各种选项进行反复测试是很便宜的，因此我们没有理由盲目接受貌似可信的学术公理。

谷歌的聪明人也在搭乘随机化快车，这不足为奇。和 Offermatica 类似，他们可以方便地为消费者提供不同广告体验，然后观察他们最喜欢哪些广告。想知道你的啤酒广告关键字应该使用"味道很棒"还是"不易涨肚"吗？谷歌会轮流使用这两个广告，然后告诉你人们更愿意点击哪个广告。由于人们进行谷歌搜索的顺序比较随机，因此调换两则广告的顺序与随机化具有相同效果。实际上，谷歌甚至可以首先对广告进行轮换操作，然后为点击率较高的广告自动提高出现频率。

我刚刚进行了这项测试，以决定本书书名。《直觉的终结》（*The End of Intuition*）是这本书最初的暂用书名，但我觉得《数字天才》[①]（*Super Crunchers*）也许可以更好地传达这本书的正面信息。所以，我进行了谷歌广告关键字测试。每个搜索"数据挖掘"或"数字分析"的人会看到

数字天才

为什么数字思维是成为聪明人的新途径

www.bantamdell.com

或者

直觉的终结

为什么数字思维是成为聪明人的新途径

www.bantamdell.com

我发现，随机访客点击"数字天才"广告的概率要高出 63%。（另外，同"为什么数据驱动型决策是成为聪明人的新途径"相比，他们更喜欢现在的小标题。）在短短几天时间里，我们获得了现实世界中超过 25 万次页面浏览的反馈。这对我已经足够了。我可以自豪地说，《数字天才》一书本身就是超级数据分析的产物。

随机测试是对直觉的检验

上述所有随机试验的共同特点是，必须有人事先提出需要测试的选项。必须有人产生销售两台缝纫机的想法，或者让调查公司提前一周打电话的想法。随机试验方法不是直觉的终结。相反，它是对直觉的检验。

---

① 此处书名指英文原书名直译，并非本书中文书名。——编者注

过去，各公司需要在一次全国的电视宣传活动中豪赌一把。在网上，你可以将资源分配到多个宣传活动中，并且迅速转向结果最好的活动。创意过程仍然很重要，但创造性已经成了测试过程的输入。

实际上，关键字广告随机化功能可以很好地测试谁能写出最有效的广告。在考验应聘者时，广告公司可以观察谁能改进客户的谷歌广告。想象一下，在某期《飞黄腾达》中，如果对竞争者优化某些流行网页大众市场销售额的客观能力排序，那将是怎样的景象。

随机化网页测试的潜力几乎是无穷的。选项的随机化试验不仅可以提高点击率和销量，而且可以提高网页表单的完成率。随机化可以用于改进任何网页的表现。

这也包括在线新闻的布局。《纪事》、MSNBC 甚至《纽约时报》的图形设计师可以从随机化测试中学到一点东西。实际上，Offermatica 董事长詹姆斯·罗奇表示，他们已经开始为网络出版物出谋划策了。这种需求通常来自订阅部门。不过，詹姆斯解释说，当"编辑看到在线订阅量的增长时"，他们"开始热衷于用 Offermatica 优化他们的主要业务引擎：页面浏览和广告点击"。

慈善机构和政治宣传部门也可以测试哪些网页设计可以增加他们的收入。实际上，慈善组织已经开始用线下随机化试验探索捐助来源了。实验经济学家迪恩·卡兰（Dean Karlan）和约翰·利斯特（John List）帮助一个非营利倡议组织测试了直邮的有效性，这与信用补偿公司的做法非常类似。他们向过去的捐助者寄出了超过5万封请求捐助的信件。这些信件在是否提供配套捐助以及提供方式上存在区别。一些信件没有提供配套捐助，一些信件提供1∶1配套捐助，一些信件提供2∶1甚至3∶1的配套捐助。1∶1配套捐助承诺使捐助额提高了大约19%。不过，令人吃惊的是，同1∶1配套捐助相比，2∶1和3∶1配套捐助并没有提升捐助额。这项简单实验为慈善机构提供了一个有力的新武器。如果捐助者希望他的资金发挥最大效力，他应该选择1∶1的配套捐助项目。

我们看到，许多决策者都会高估自己的直觉能力。我们认为直觉有道理，因此执着于直觉。随机化测试是判断我们是否正确的一种客观途径。测试是一条没有尽头的道路。人们的品味会改变。昨天有效的事情明天可能就无效了。随机化试验的周期重复测试系统可以确保你的营销工作维持最优状态。超级数据分析的核心是由数据驱动的决策。持续的随机化试验可以确保持续的数据供应，以驱动决策。

随机测试——应用广泛的利器

现在，你可能认为随机化的威力只与营销有关，即优化直邮宣传册或网络广告。你错了。随机化试验也被用于管理员工和顾客关系。

大陆航空顾客关系经理凯莉·库克（Kelly Cook）用抛硬币方法研究如何提高顾客忠诚度。她希望知道当乘客经历大陆航空所说的"交通事件"时，如何做出最好的回应。这是你不希望经历的那种事件，比如航班严重延误或取消。

库克将经历交通事件的大陆航空顾客随机分到 3 个小组里。接下来的 8 个月，第一个小组会收到为事件道歉的格式化信件。第二个小组会收到致歉信以及以大陆航空总统俱乐部临时会员的形式提供的补偿。第三个小组充当对照组，不会收到信件和补偿。

当这些人被问及搭乘大陆航空班机的经历时，什么也没有收到的对照组仍然很愤怒。"不过，其他两个小组的成员表示了惊讶，他们没想到公司会主动向他们寄出致歉信。"库克回忆道。接下来的一年，收到信件的两个小组购买大陆航空公司机票的支出增加了 8%。仅仅收到信件的 4,000 名顾客为公司带来了 600 万美元的收入增长。自从将这个项目扩展到大陆航空最重要的 10% 顾客以来，这些原本有理由转投其他航空公司的顾客为大陆航空带来了 1.5 亿美元的额外收入。

光是寄出没有补偿的信件就足以改变消费者的感受和行为，而临时会员的补偿又转变成了新的盈利来源。在获得大陆航空总统俱乐部临时会员资格的顾客中，30% 的人在试用期结束后选择了续费。

不过，零售商需要当心。如果顾客得知同样的产品具有不同价格，他们会感到愤怒。2000 年 9 月，媒体开始报道这样一个故事。有人在删除计算机插件后（这个插件将他标记为经常访问亚马逊的顾客）发现，亚马逊的光盘标价从 26.24 美元降至 22.74 美元。许多顾客突然意识到，亚马逊可能在操纵互联网。公司迅速表达了歉意，称价格差异是随机价格测试的结果。总裁杰夫·贝佐斯（Jeff Bezos）明确表示："我们从未根据顾客特征进行价格测试，我们未来也不会这样做。"

他还宣布了一项关于随机测试的新政策，可以作为其他公司的测试模板。"如果我们再次进行这样的测试，我们会在测试期结束时自动为购买测试商品的顾客提供该商品的最低测试价格——以确保所有顾客支付最低价格。"你对较高价格的测试并不意味着你真的需要在顾客下单时收取高价。

这些关于价格的随机化测试比其他随机化要麻烦得多。当 Offermatica 对网页不同视觉元素进行随机化安排时，它通常是在努力消除不必要的障碍，以改善顾客体验。这种实验会为卖家和买家带来双赢的结果。不过，正像我们在第一资本的例子中看到的那样，随机化也可以用于测试你能从消费者口袋中掏走多少钱。Offermatica 和关键字广告可以用于对市场能够承受的价格进行随机化测试。

卖家还可以更加隐蔽地进行随机化测试，以确定在消费者合同中应该包含哪些条款。一些企业会测试是否在网站上隐藏质保弃权声明，这其实是在挑战道德和法律底线。如果一家公司进行随机化测试，发现在置顶页面上披露弃权声明会极大地影响销售，他们就会产生隐藏冒犯信息的动机。不过，马特·罗奇强调，这种质保测试是一把双刃剑，有时会帮助消费者。随机化测试表明，明确显示某些质保条款会促进销售。"添加威瑞信安全证书几乎总会给你带来好处，"马特说，"测试表明，消费者需要信任。没有这种硬性证据，许多公司根本不愿意提供这种条款。"

随机测试为什么没有大范围普及？

随机化试验不是象牙塔里的白日梦。许多公司已经开始采用这种方法了。问题是，为什么没有更多公司追随第一资本和乔安纺织的脚步？为什么沃尔玛没有进行随机化实验？沃尔玛善于通过消费者过去的行为预测未来。不过，他们至少在公开场合不接受随机化测试。信息管理常常局限于历史数据，局限于最近的交易信息和比较久远的交易信息。各企业目前很擅长跟踪这种信息，但是整体而言，企业在主动创建有用数据方面走得还不够远。

本章的例子表明，这件事并没有那么困难。Excel 的"=rand( )"函数可以在几乎任何计算机上为你抛硬币。任何聪明的高中生都可以运行随机化测试并进行分析。这种测试设置起来并不困难，分析也只是对于"处理"小组和"未处理"小组两个平均结果的比较而已。当 Offermatica 告诉你两个网页的平均点击率时，他们所做的也就是这些事情。（好吧，当他们用田口方法分析多项测试结果时，情况要复杂一些。）

由于这些研究在数据收集和结果分析上的简便性，你也很容易向那些不喜欢思考异方差性和最优线性无偏估计量等事物的人解释研究结果。相比之下，非统计人士很难理解和相信更加花哨的统计回归。实际上，统计学家有时需要说："请相信我。我所做的多变量回归是正确的。"相信随机化实验要容易得多。受众仍然需要相信研究人员抛硬币的正确性，但也仅此而已。如果两个群体的唯一差异是他们接受的处理方式，那么处理方式显然就是可能导致结果差异的唯一原因。

通过随机化，研究人员还可以自由控制目标问题，创建他想要的信息。对于历史数据的挖掘会受到人们过往行为的限制。如果所有初中都不设置统计课程，历史数据就不会告诉你在初中教授统计学是否会提升数学成绩。不过，进行随机化实验的超级数据分析师可以随机安排一些学生学习这门课程，以创建回答这个问题所需的信息（看看他们的成绩是否优于没有被选中的学生）。

在过去，公司更愿意创建定性数据。要想探索"街上的普通人"对于新老产品的看法，你只能组织焦点小组。不过，未来的营销人员不仅会采用多变量回归和历史数据库挖掘的社会学方法，而且会开始进行随机科学试验。

企业意识到了信息的价值。你的数据库不仅可以帮助你制订更好的决策，而且可以作为商品销售给其他人。所以，公司自然会更加仔细地跟踪自己和顾客的行为。不过，公司应该更加主动地考虑他们缺少哪些信息，并且采取行动，以填补数据空白。要想创建"什么会导致什么"的信息，没有比随机化测试更好的方法了。

为什么没有更多公司加入？当然，这可能是因为传统专家在保卫自己的地盘。他们不想对他们珍视的政策进行明确的测试，因为他们不想承担失败的风险。不过，从某种程度上说，这种相对犹豫可能与时间有关。随机化试验要求公司在测试开始之前做出假设。我和我的编辑在决定需要测试的书名时进行了一番争执。与之相比，在回归中，研究人员可以等待结果，在得到事实以后再去决定测试内容。和进行事后回归的人相比，随机化研究人员需要更加主动，这种差异也许可以解释随机化试验在美国企业界传播较慢的原因。

随着定量信息日益成为被囤积、购买和销售的商品，越来越多的公司会开始对广告、价格、产品属性和雇用政策进行随机化试验。当然，不是所有决策都能提前测试。一些决策没有缓冲余地，比如第一次向月球发射探测器，或者是否为一项新技术投资1亿美元。不过，对于许许多多的决策来说，关于人类种种行为的强大的新信息正在等待我们去创建。

　　本书谈论的是社会学方法从学术领域向实际决策领域的传播。在有用技术的采纳上，企业通常远远领先于政府，这不足为奇。超级数据分析技术也是如此。在有利可图时，企业会抢在官僚之前攫取利润。不过，随机化是政府保持领先的一个领域。和公司更加统一的控制相比，两党制的限制和平衡可能使政府在接纳随机化方面获得优势。在具体事务上无法达成一致的政治对手至少在随机化程度上取得了两党的一致。他们让一些州随机测试对手偏爱的政策，前提是对手让其他州随机测试他们偏爱的政策。由于缺少选票而无法让相关政策得到批准的官僚有时非常愿意资助随机示范项目。这些示范项目最初通常规模不大，但随机政策试验的结果会对随后的政策产生巨大影响。

第三章　概率治国

早在 1966 年，麻省理工学院经济学研究生希瑟·罗丝（Heather Ross）产生了一个大胆的想法。她向政府申请了一大笔经费，用于对负所得税进行随机化测试。在实行负所得税时，如果你的收入低于某个最低水平，政府就会向你付款。这样一来，不管人们的工作收入是多少，他们都会获得最低收入。希瑟希望观察负所得税是否会降低人们的工作动力。当经济机会办公室批准她的项目时，希瑟完成了一篇耗资 500 万美元的论文。她发现，负所得税不会像人们担心的那样减少就业，但离婚率出现了意外的上升。随机分配到负所得税的贫困家庭更容易解体。

　　罗丝的测试最大的影响在于政府计划本身的评估过程。希瑟对于一个政策问题使用了医学的随机化方法，这种简单做法目前已经演变成了国内外的数百项随机公共政策实验。美国立法者正在日益接纳随机化，将其作为方案有效性的最佳测试途径。对于随机化方法的接纳不是党派问题，而是区分好坏的中性原则。政府不是仅仅在为随机化试验付款，这些试验的结果已经开始驱动公共政策了。

为省钱而花钱

1993 年，年轻的天才经济学家拉里·卡茨（Larry Katz）遇到了一个问题。作为劳工部首席经济学家，他试图让国会相信，失业保险的一项简单变化每年可以节省 20 亿美元。拉里认为，我们可以增加一些支出，为失业者提供就业援助，从而减少工人领取失业保险的时间。对心存疑虑的政客来说，通过资助新的培训计划节省 20 亿美元的想法不太可能成功。

不过，拉里不是容易打发的人。他的身体并不强壮。即使到了现在，40 多岁的拉里看上去仍然像是一个瘦削结实的年轻人，而不是哈佛讲席教授（但他确实是哈佛教授）。不过，他非常聪明。很久以前，拉里和我是麻省理工学院的室友。我现在仍然记得，在进入研究生院的第一个星期，助教布置了一个不可能完成的任务，那道题目需要使用超几何分布——但是我们从未学过超几何分布。对我们大多数人来说，这个问题完全无法解答。不过，卡茨通过某种方式独自推导出了这种分布，解决了问题。

虽然拉里外表平静，说话温和，但他在坚持自认为正确的思想时非常执着。通过随机化测试，拉里知道，他关于就业援助的观点是正确的。他的秘密武器是一系列福利与工作测试，那是参议员帕特里克·莫尼汉（Patrick Moynihan）1989 年在联邦法律中加入一项基于证据的条款后由各州实施的。该条款称，各州可以就减少失业保险的问题对新思想进行实验，前提是这些思想得到了评估计划的支持，该计划必须"包含在现场试验中随机分配的项目参与者小组和对照小组"。

莫尼汉的"恶作剧"孕育出了十几个随机化示范项目。许多州希望知道提供"就业援助"能否减少该州的失业保险支出。这种就业援助不是对于新的岗位技能提供工作培训，而是对于新工作的申请和面试提供建议。这些"就业援助"测试（分布于明尼苏达、内华达、新泽西、南卡罗来纳和华盛顿）的另一个新奇之处在于，它们同时使用了两种核心的数据库决策——回归和随机化。

就业援助计划用回归方程预测哪些工人在独自找工作时最有可能遇到问题。这些回归是一种统计剖析，它使计划实施者能够集中精力帮助那些可能需要帮助并且最有可能做出改变的工人。剖析阶段结束后，随机化开始了。测试者将符合条件的失业工人随机分配到处理小组和对照小组中，对指定干预的影响进行直接测试。所以，这些研究同时使用了回归和随机化，以改善公共政策。

这些失业测试得到了关于有效措施和无效措施的诸多结果。和没有获得援助的失业工人相比，获得援助的类似个体找到新工作的时间要早大约 1 个星期。明尼苏达提供的援助最为充分，该州将失业时间足足减少了 4 个星期。较早找到工作并不意味着工资较低。项目参与者找到的工作与非参与者较晚找到的工作在工资方面基本相同。

从政府的视角看，最重要的是，这些计划带来了盈利。失业保险支出的减少加上失业者较快就业带来的税收增长足以抵销援助成本。政府在工作援助上每投入 1 美元，大约可以节省 2 美元。

拉里通过这种测试结果使国会相信，在 1993 年的萧条期，强制就业援助带来的支出减少足以抵偿失业津贴扩展项目的 20 亿美元支出。拉里平静地反驳了国会领导人对于项目有效性提出的所有异议。随机化试验的透明度使拉里的工作变得非常轻松。在获得就业援助时，在其他方面完全类似的失业工人可以更快地找到工作。很明显，就业援助就是背后的原因。在随机化试验的强大力量和卡茨的智慧面前，反对者从未真正获得机会。

这些就业援助计划的统计定位对于节省成本至关重要。如果政府支持计划面向广泛的人群，其成本就可能膨胀。这与黑德·斯塔特（Head Start）面对的问题相同。许多人会告诉你，监狱的成本是早期儿童教育的 3 倍。这种比较的问题在于，儿童的数量比囚犯多得多。即使学前班计划可以降低儿童未来的犯罪概率，让每个孩子进入学前班也不一定更加便宜——因为大多数孩子不会犯罪。警方的种族定性已经变得臭名昭著，这毫无疑问，但非种族定性也许是将资源集中于犯罪高风险儿童的关键。你可能认为，你不能判断哪些四五岁的孩子到了十六七岁时更容易犯罪，但这不就是奥利·阿森费尔特对于不成熟葡萄的处理方式吗？就业援助测试表明，统计剖析可以用于更加明智的政府决策支持定位。

州级思想实验室

就业援助试验等随机化实验的发展第一次成功表明，我们的独立州联邦制度可以创造出一个严格的"民主实验室"。也就是说，每个州可以对其心目中的最佳法律进行实验，我们可以共同观察结果并相互学习。问题在于实验设计。良好的实验需要良好的对照组。许多州级实验的问题在于，我们并不知道如何对结果进行比较。阿拉斯加与亚利桑那并不完全相同。各州提供了良好的实验机遇，但在真正的实验室中，你不会让老鼠设计实验。随机化运动使各州开始对自身进行实验，这种实验有一个提供必要对照组的程序。现在，各州正在创建优质数据，可以用于制定数据驱动型政策。与之前被悄悄地束之高阁的案例研究不同，随机化政策实验更容易借由超级数据分析对现实决策产生影响。

随机化测试的脚步也在加快。数百项政策实验目前正在进行中。拉里是住房及城市发展部资助的新项目的领导者之一，该项目试图研究向贫困家庭提供只能用于低贫困（中产阶级）街区的住房券会有什么结果。这种"向机会前进"的测试向 5 座城市（巴尔的摩、波士顿、芝加哥、洛杉矶、纽约市）收入很低的家庭随机提供住房券，然后在 10 年时间里收集信息，以了解住房券对于就业、学业、健康和犯罪等各个方面的影响。这些信息目前还不完整，但首批反馈显示，将贫困孩子搬到较富裕街区（拥有较富裕的学校）在教育和减少犯罪方面不会带来太大利益。迁居的女生在学校的表现有所进步，身体也更加健康，但迁居的男生在学校的表现更加糟糕，而且更容易犯罪。不管结果如何，在迁居是否会改变人生的问题上，该项目的数据都将第一次为政策制定者提供非常具体的信息。

随机化试验不仅可以在具体政策上为政客提供指导，而且可以告诉他们如何首先解决当选问题。政治学家唐纳德·格林（Donald Green）和艾伦·戈伯（Alan Gerber）将随机化测试用到了政治学领域。想知道如何最有效地在竞选中获胜吗？请进行一项随机化现场实验。想知道直邮和电话拉票哪个效果更好吗？请做一项测试。想知道负面的电台广告对于你和对手的支持者会有什么影响吗？请随机在一些城市播放广告，在另一些城市不播放广告。

随机应用的随机测试

只有天空才是极限。所有可以随机应用于一些人、不应用于另一些人的政策都可以进行随机化测试。随机化测试不适用于联邦储备局的利率设置——因为你很难对一些人实行高利率、对另一些人实行低利率。随机化测试也无法帮助我们设计太空飞船。我们不会让一些飞船使用塑料密封圈，让另一些飞船使用金属密封圈。不过，大量企业和政府政策完全可以采取随机分配。

到目前为止，我描述了企业和政府的分析师是如何有意识地通过随机分配测试影响的。不过，超级数据分析师也可以对那些用于其他目的的随机化程序加以利用。实际上，各州有超过 3,000 部法律明确要求使用随机程序。有时，我们可以观察由其他人独立创造的随机化过程的效果，而不是通过抛硬币创建数据。一些大学随机分配室友，因此我们可以测试室友在饮酒方面的相互影响。加利福尼亚对于选票上的候选人出现顺序进行了随机化处理，因此我们可以测试名字排在第一位的影响（事实证明，名字排在第一位在初选中帮助很大，但在普选中作用不大，因为人们此时更愿意按照党派投票）。

不过，到目前为止，对于已有随机化的最佳使用是在为法官随机分配刑事案件方面的。多年来，向辖区法庭审判官随机分配案件一直是联邦法院的标准程序。和字母表彩票类似，随机案件分配被当作确保公平（和震慑腐败）的手段。

在乔尔·瓦尔德弗格尔（Joel Waldfogel）手中，犯罪审判的随机化成了回答犯罪法律一个核心问题的工具——增加刑期对于囚犯再次犯罪的概率有何影响？

瓦尔德弗格尔有着红褐色的头发，是个有些秃头的淘气鬼，是圈内最有趣的数据分析师之一。他有着最为古怪的头脑。乔尔常常关注社会上被人忽视的角落。瓦尔德弗格尔曾研究游戏节目

参与者是怎样从前一季节目中吸取教训的。他曾估计圣诞节的
"累赘损失"——比如你的姑姑买了一件很贵的毛衣，但是你根本
不想穿。他那种人会根据附加价值为商学院排名。附加价值指的
是不同学校对于学生预期收入的提升。

在我看来，瓦尔德弗格尔最重要的数据分析是对于法官判决
倾向的研究。和我们之前反复看到的情况类似，随机分配意味着
特定地区的每位法官应该接到同样种类的案件。堪萨斯法官接到
的案件可能与哥伦比亚特区的法官不同，但案件的随机分配可以
保证任何特定地区的法官接手的民事和刑事案件比例大致相同，
而且可以保证他们接手的被告应当获得很长刑期的犯罪案件比例
大致相同。

瓦尔德弗格尔的发现是，由于审判分配的随机性，他可以
对法官的判决倾向排序。如果某个地区的法官接到同样种类的案
件，那么地区内部刑事判决的差异就应该归结为审判倾向的差异。
当然，某些法官可能碰巧接手了一批邪恶的被告，这些人的确应
该关上很长一段时间。不过，统计学可以很好地区分噪声和基本
趋势。

虽然联邦法官需要遵循审判指导原则——这些标准为犯下某
些罪行的被告事先确定了狭窄的刑期范围——但瓦尔德弗格尔还
是在不同法官之间发现了很大的判决差异。一些法官类似于古代
的"绞刑法官"和"老好人"，他们找到了操纵指导原则的方法，

可以增加或减少刑期。

如果我们想让国家提供"法律下的平等保护"，这些判决差异就会很麻烦。不过，瓦尔德弗格尔等人看到，这些差异至少有一个优点——它们可以很好地衡量较长刑期对于再次犯罪的影响。

犯罪学家一直在研究监狱对于罪犯究竟具有"塑造"作用还是"改造"作用。对于强奸犯来说，10年和5年刑期对于出狱后再次犯罪的可能性有何影响？这个问题很难回答，因为获得10年刑期的人与获得5年刑期的人是不同的。10年期囚犯的再犯率可能更高——这不是因为监狱使他们变得更坏，而是因为他们一开始就是更加糟糕的家伙。

沃尔德弗格尔的随机化思想可以绕过这个问题。为什么不能考察每个法官判决的罪犯的再犯率呢？由于不同法官会接手相同类型的罪犯，因此法官的再犯率差异一定可以归结为法官的判决差异。将罪犯随机分配给严厉或宽厚的法官相当于为他们随机分配较长或较短的刑期。通过随机化，沃尔德弗格尔可以根据被告出狱后的表现为法官排名，就像他根据学生的就业表现为商学院排名一样。

那么，答案是什么？最佳证据表明，辩论双方都是错的。把人们送进监狱对于他们出狱后的犯罪概率没有影响。布鲁金斯学院经济学家杰夫·克林（Jeff Kling）发现，严厉的法官判决的人出狱后的收入与宽厚的法官判决的人出狱后的收入没有统计差异。罪犯出狱后的收入是再次犯罪的有力指标，因为被抓并再次入狱的人没有可以缴税的收入。随后，政治学家丹东·贝鲁比（Danton Berube）和唐纳德·格林直接考察了由判决倾向不同的法官判决的罪犯再犯率。他们发现，严厉的法官的较长刑期并不会提高或降低囚犯出狱后的再犯率。支持监禁的群体可以感到安慰，因为较长的刑期不会使囚犯变坏。另一方面，较长的刑期也不会有效制止未来的恶行。在随机分配的帮助下，我们可以把关于刑期长度的辩论焦点从具体的震慑和改造问题上移开，考虑较长刑期是否会制止其他人犯罪，或者单纯为了使坏蛋失去犯罪能力而判处较长刑期是否值得。

不过，这个例子最大的意义与数据借用的可能性有关。我们有时可以对已经存在的随机化加以利用，而不是通过随机干预创建数据。犯罪学家正是以这种方式对于法官的随机分配加以利用的。我也对我们本地学区的随机分配进行了同样的利用。纽黑文大约20%的学生会申请进入热门学校。热门学校通过抽签选择孩子。你能看出我是如何对此加以利用的吗？我可以考察申请阿米斯特德学院的所有孩子，然后对进入该校的学生和没有进入该校的学生进行成绩对比。这种对于随机化的利用使我获得了超级数据分析所需的信息，可以对学区内几乎所有学校的附加值进行排名。

概率的世界

社会政策的随机化测试现在已经成为全球现象。人们已经完成了几十项管理测试，它们分布于世界各个角落。实际上，发展中国家在对随机化方法的接纳上处于领导地位。一项测试在美国可能需要花费几百万美元，在第三世界的花费则要低得多。

随机化测试的传播也是"贫困行动实验室"艰苦努力的结果。贫困行动实验室 2003 年由阿比吉特·班纳吉（Abhijit Banerjee）、埃丝特·迪弗洛（Esther Duflo）和森德希尔·穆莱纳森（Sendhil Mullainathan）在麻省理工学院创办，致力于用随机化试验测试真正有效的发展策略。他们的口号是"将研究转化成行动"。该实验室与全球非营利组织合作，在短时间里进行了几十项测试，内容五花八门，涉及公共卫生措施、微信贷、艾滋病预防和化肥使用等问题。

埃丝特·迪弗洛是实验室背后的驱动力。埃丝特拥有使不完的精力。她身体结实，是个登山家（技术很好，曾登顶肯尼亚山），被评为法国最优秀的青年经济学家，获得了多项国家级大型研究基金。埃丝特不知疲倦地劝说非政府组织将随机化测试作为资助条件。

通过随机化测试减少贫困有时会引发道德问题，因为一些贫困家庭被随机剥夺了获得援助的机会。实际上，还有什么事情比抛硬币更加随意呢？迪弗洛的回应是："在大多数情况下，我们不知道项目是否有效，或者是不是对于资金的最佳使用。"通过小型随机化试点研究，非政府组织可以知道将项目以非随机化方式推广到全国是否值得。与实验室合作的迈克尔·克雷默（Michael Kremer）总结得很好："许多发展策略只会风行一时。我们需要看到某些策略有效的证据。"

其他国家可以测试美国法院永远不会允许的政策。从 1998 年起，印度规定，1/3 的村长必须是女性。将村长位置预留给女性的村庄是随机选择的。这样一来，我们就自然而然地得到了一项实验。在这项实验中，我们可以对必须拥有女性村长的村庄和其他村庄进行比较。事实证明，依法上任的女性领导者更愿意为那些解除女性日常负担——获取水源和燃料——的基础设施投资，而男性村长更愿意投资于教育。

埃丝特还帮助印度学校解决了严重的教师缺勤问题。非营利组织瓦曼蒂尔帮助偏远农村地区建立了一些只有一名教师的课堂，因为那里的学生无法接受政府提供的教育。不过，大规模的教师缺勤影响了这些学校的有效性。在一些邦，教师在一半时间里不会出现在课堂上。

埃丝特决定考察照相机的作用。她选择了瓦曼蒂尔建立的120 所单一教师学校，为其中半数学校的教师提供了照相机，上面带有无法篡改的日期和时间戳。"照相机学校"的教师需要在每个授课日开始和结束时让一个学生为教师和其他学生拍照。照相机学校的教师工资与他的出勤率直接相关。

看似简单的监督大有帮助。照相机立即产生了积极效果。"当这项计划 2004 年开始实施时，教师缺勤率立即从 40%（很高的比例）下降到了 20%，"埃丝特对我说，"神奇的是，该项目此后一直在持续，20% 的比例也一直没有变化。"更妙的是，照相机学校的学生学到了更多知识。计划实施一年后，照相机学校的学生在标准化考试中的成绩明显优于其他人，被正规学校录取的可能性也要高出 40%。

各个国家正在逐渐接纳随机化试验，用于评估各种公共政策的影响。肯尼亚的随机化测试展示了驱虫计划的强大影响力。印度尼西亚的随机化测试表明，事后审计的压力会大大提高道路建设的质量。

到目前为止，近期最重要的社会发展政策实验是教育健康营养进步计划。负责评估这项实验的六名研究员之一保罗·格特勒（Paul Gertler）向我讲述了墨西哥总统埃内斯托·塞迪略（Ernesto Zedillo）是如何开启这项计划的。"塞迪略 1995 年当选，其当选纯属意外，"格特勒说，"最初的候选人被刺杀，当时具有技术官僚色彩的教育部长塞迪略成为总统。他决心针对墨西哥的贫困做出重大改变，与政府成员共同提出了一项非常独特的扶贫计划，即进步计划。"

进步计划将现金有条件地转给穷人。"要想获得现金，你需要让你的孩子上学，"格特勒说，"要想获得现金，你需要在怀孕时接受产前护理。你需要接受营养监督。该计划的想法是打破贫困的代际转移，因为在穷人家出生的孩子往往也会成为穷人。"

将现金提供给负责任的抚养者是一个重要思想。只有母亲才能领到现金，因为研究表明，母亲比父亲更愿意为孩子花钱，塞迪略也相信这一点。他认为，要想让孩子成年后成为更加健康、更有教养的人，该计划必须得到持续实施。你不可能在短短一年时间里做到这些事情。

塞迪略最大的问题是如何让进步计划成为在他下台后仍然可能存在的形式。"现在，墨西哥的政治现状是，每个总统上任后通常都会改变扶贫计划，"格特勒说，"候选人会说，现任政府的做法不是很好，需要彻底改变，尽管这令人难以置信。即使双方属于同一政党，情况也是如此。所以，通常的情况是，每隔五六年就会出现一位新总统，他会立即推翻前任政府的政策，然后从头开始。"

塞迪略起初想对300万到500万家庭实施进步计划。不过，他担心时间不够。格特勒继续说道："如果你的政府为期5年，筹备并运行一项计划需要3年，那么它就不会产生足够大的影响，新政府到来时就会将其取消。"所以，塞迪略决定对500多座村庄进行一项随机化研究。这个规模要小得多，但它在统计上仍然很大。在这个规模上，他可以在仅仅1年时间里筹备并运行这项计划。

他选择由国际独立学术机构评估这项计划。这在很大程度上是一个示范项目。"塞迪略的想法是,"格特勒说,"如果评估表明该计划的性价比很高,那么下届政府就很难忽视并终止这项计划。"

所以,墨西哥从 1997 年开始对 506 座村庄的 2.4 万户家庭进行随机化实验。在分配到进步计划的村庄里,贫困家庭的母亲可以得到三年的现金补贴和营养补充,条件是孩子需要定期前往卫生诊所,到校率至少要达到 85%。这种现金补贴大约是孩子在自由市场上可以赚到的工资的大约 2/3(并且随着孩子年龄的增长而增长)。

进步计划的村庄在教育和卫生方面几乎立即出现了大幅进步。计划覆盖的男生到校率比对照组高出 10%,女生的入学率比对照组高出 20%。总体而言,在最初的两年评估期,这些青少年的上学时间比其他人多半年,学生被禁止上学的现象也大为减少。

健康的改善更加明显。进步计划将重病发生率减少了 12%,将以血红素衡量的贫血症减少了 12.7%。在计划覆盖的村庄,孩子们的身高比其他人高出近 1 厘米。从健康改善的角度看,在如此短的时间里多长 1 厘米是一种巨大进步。格特勒解释说,身高的大幅增长有 3 个不同原因:"首先,发育不良的小孩子会直接获得营养补充剂。其次,良好的产前和产后护理可以降低感染率。第三,从整体上看,人们有更多的钱购买食物。"

有时,改善的机制更加令人吃惊。评估者发现,参与进步计划的村庄的婴儿出生重量增长了大约100克，体重过轻的婴儿比例降低了几个百分点。"这是一种巨大的进步。"格特勒说。但是，为什么会这样？和其他村庄的孕妇相比，"进步"村庄的孕妇既没有吃得更好，也没有更多地前往产前护理中心。答案也许是，这些女性提出了更多要求。格特勒解释道："进步村庄会召开一些会议，告诉女性，如果你在怀孕时前往产前护理中心，你应该提出下列要求。他们应该为你称重和测量。他们应该做贫血检查。他们应该做糖尿病检查。所以，女性开始获得力量，获得必要的手段和信息，以要求获得自己应得的服务。接着，当我们采访医生时，医生说：'哦，那些进步女性。她们真麻烦。她们进门后会提出更多要求。她们希望谈论各种事情。结果，我们花在她们身上的时间要长得多。她们真难缠。'"

事实证明，进步计划很受欢迎，其领受率为97%。如果那些非常贫困的母亲愿意为孩子的未来投资，进步计划就会立即为她们提供现金，而不是请求她们为未来可能的利益做出牺牲。塞迪略希望通过示范项目堵住继任者的嘴，这种做法也很有效。在2000年选举后，当比森特·福克斯（Vicente Fox）成为总统时（这是墨西哥历史上在职总统首次向反对党和平递交权力），他很难忽视进步计划在健康和教育上的成功。

"在我们向他们展示我们的评估后，"格特勒说，"福克斯政府找到我们，说：'你知道，很遗憾，我们需要关闭这项计划。不过，我们会开启一项新计划，以取代进步计划。这项新计划叫作机会计划。它将拥有同样的受益者、同样的利益和同样的管理结构，但我们需要为这项计划取一个更好的名字。'"随机化证据的透明度和第三方验证对于说服政府继续执行这项计划非常重要。塞迪略的策略很好地解决了这个与政治有关的经济问题。

2001 年，墨西哥将进步（机会）计划扩展到城市地区，增加了 200 万家庭。它在 2002 年的预算是 26 亿美元，约为墨西哥国内生产总值的 0.5%。进步计划是超级数据分析对现实世界产生影响的绝佳案例。超级数据分析现象常常涉及巨大的数据集、迅速的分析和将结果扩展到较大范围的可能性。进步计划展示了这种新现象所有三个方面的可能性。超过 2.4 万家庭的信息得到收集和分析，项目在短短五年时间里得到扩展，其覆盖人口是之前的大约 100 倍。之前的随机化实验从未产生过如此巨大的宏观经济影响。

随机化方法也为墨西哥的政策制定方式带来了一场革命。"对于进步计划的评估产生了巨大影响，"格特勒说，"它使国会通过了法律，规定所有社会项目都需要得到评估，这也成了预算过程的一部分。所以，他们现在正在评估营养计划、工作计划、宏观财政计划和教育计划。评估成了公共政策辩论的关键词。现在的政策辩论中充斥着关于哪些方法有效的事实。"

此外，进步计划的有条件现金转移思想也像野火一样在全球蔓延开来。谈到这项研究的影响，格特勒兴奋起来。"我们通过计划证明，大规模随机化评估是可能的，这种信息对于政策和决策制定非常有用。拜进步计划所赐，目前全球有 30 个国家正在实行现金转移计划。"就连纽约市也在积极考虑是否应该采用有条件现金转移方案。进步计划的实验表明，务实的计划可以帮助极为贫困的儿童健康成长。

进步计划的随机化试验方法也在传播。在格特勒参与评估进步计划后，世界银行请他担任人类发展首席经济学家。他直接告诉我："过去三年，我帮助世界银行建立了类似于进步计划的机制，对他们正在进行的 100 多项活动进行评估。所以，我们将其作为模型，扩展到了全世界。它现在已经在世界银行扎根，而且正在传播到其他国家。"

马克·吐温曾说过："事实很顽固，但统计量更具可塑性。"不过，进步计划等政府计划和 Offermatica 等软件计划显示了随机化试验的简单力量——或者说非可塑性。你只需要抛硬币，将相似的人放进不同的处理小组中，然后观察不同小组发生了什么。就连讨厌数学的人也很难忽视这种超级数据分析的纯粹性。格特勒是这样说的："随机化去除了你可能面对的所有障碍，或者至少将它们暴露出来。当人们制定政策决策时，他们需要忽略一些事实。"

从某些方面看，随机化试验似乎过于简单，我们似乎不应该将其看作超级数据分析革命的一部分。不过，我们看到，它与超级数据分析的其他部分具有许多相同点。随机化试验的样本正在变得越来越大。第一资本轻松地将随机宣传册发送给数十万意向受众。Offermatica 通过互联网自动化大大缩短了测试和实施的时间间隔。人类之前从未在如此短的时间里对政策进行测试和调整。最重要的是，我们看到了随机化是如何影响数据驱动型决策的。随机化试验简单而透明，就连政治对手也很难与之进行对抗。像抛硬币这样看似微不足道的事情可以对世界的运转产生巨大影响。

第四章　医生该如何看待循证医学？

1992 年，加拿大安大略省麦克马斯特大学的物理学家戈登·盖亚特（Gordon Guyatt）和戴维·萨基特（David Sackett）发表了倡导"循证医学"的宣言。他们的核心思想很简单，治疗方法的选择应该基于最佳证据。在可行时，最佳证据应当来自统计研究。盖亚特和萨基特并不倡导医生仅仅将统计研究作为指导。实际上，资料显示，盖亚特认为统计证据"永远是不充分的"，他们只想让统计证据在治疗决策中扮演更重要的角色。

直到今天，医生是否应该特别关注统计证据这一问题仍然存在争议。关于循证医学的斗争与关于整个超级数据分析的斗争是同步进行的。超级数据分析特别注重统计分析对于现实决策的影响。关于循证医学的辩论在很大程度上是一场关于统计学是否应该影响现实治疗决策的辩论。

循证医学的统计研究使用了超级数据分析的两个核心方法。许多研究对于我们在第一章看到的那种回归方程进行了估计，通常是使用巨大的数据集合——包括几十个甚至成百上千个对象。当然，许多研究同样利用了强大的随机化——不同的是，这里的赌注更大。由于循证医学运动的成功，一些医生加快将结果纳入治疗决策的脚步。互联网信息检索的进步催生了一种具有影响力的新技术，新证据对于决策的驱动从未像现在这样迅速。

拯救十万人的生命

医疗领域的经验性测试已经存在了一百多年。早在19世纪40年代，伟大的奥地利医生伊格纳兹·塞麦尔维斯（Ignaz Semmelweis）就完成了对于维也纳妇科门诊的详细统计研究。在维也纳总医院，泽梅尔魏斯首先注意到，当医科学生离开解剖室后立即处理产妇时，产妇很容易死亡。当泽梅尔魏斯的朋友和同事雅各布·柯勒什卡（Jakob Kolletschka）因做解剖而死时，他提出了产褥热具有传染性的观点。他发现，如果诊所的医生和护士在处理每位患者前用氯化漂白粉洗手，死亡率就会从12%下降到2%。

这个后来引出细菌致病理论的惊人结果遭到了强烈抵制，一些人认为他的观点缺乏科学依据，因为他没有对于洗手降低死亡率的原因给出充分的解释。医生不相信患者的死亡是他们造成的。他们还抱怨说，一天多次洗手是在浪费他们宝贵的时间。泽梅尔魏斯最终被解雇。在精神崩溃后，他住进了精神病院，并在47岁时死在那里。

泽梅尔魏斯的死亡悲剧和无数女性不必要的死亡已经是古老

的历史了。今天的医生当然知道清洁的重要性。在医疗电视剧中，医生在手术前会仔细洗手。不过，泽梅尔魏斯的故事仍然具有启示意义。医生现在仍然没有做到充分洗手。今天，外科医生对于洗手的抵制仍然是一个致命问题。最重要的是，这种冲突的核心在于医生是否愿意因为统计研究而改变做法。唐·贝里克（Don Berwick）对于这种冲突产生了兴趣。

唐·贝里克是医疗保健促进会主席兼儿科医生，他可以与一些名人相提并论。管理大师汤姆·彼得斯（Tom Peters）称他为"健康安全领域的特蕾莎修女"。在我看来，他是当代的伊格纳茨·泽梅尔魏斯。在十多年时间里，贝里克一直在为减少医院的错误而斗争。和泽梅尔魏斯类似，他专注于医疗保健系统最基本的后端结果，即存活和死亡数据。和泽梅尔魏斯类似，他利用循证医学结果倡导简单的改革。

1999 年两次完全不同的事件将贝里克转变成了系统性改变的圣战者。首先，医学研究院发布了一份大型报告，记录了美国医学领域广泛存在的错误。报告估计，每年有多达 9.8 万人由于可以避免的医疗错误而死在医院里。

第二起事件和他本人有关。贝里克的妻子安（Ann）患上了罕见的脊髓自体免疫疾病。三个月前，她还在阿拉斯加完成了 28 公里越野滑雪比赛。三个月后，她几乎无法走路了。

医学研究院的报告已经使贝里克相信，医疗错误是一个真实存在的问题。不过，医院对他妻子的草率治疗真正戳到了贝里克的痛处。不同医生反复提出同样的问题，甚至重复开出已经被证明不成功的药物。在医生认定通过化疗延缓病情恶化非常紧迫以后，安又等了 60 个小时才获得了第一剂药物。安曾有三个夜晚恐惧而孤独地躺在医院地下二层的轮床上。

"我完全无能为力，"唐回忆道，"我快要疯了。"在安住院前，贝里克只是对这个问题感兴趣而已。"现在，我已经变成了激进派。"他无法容忍医院对于降低死亡率的泽梅尔魏斯式简单政策继续保持冷淡态度。他失去了耐心，决定采取行动。

2004 年 12 月，他公开宣布一项计划，要在接下来的一年半时间里挽救 10 万人的生命。这项"十万人命运动"督促医院实施六项护理改革，以避免那些可以避免的死亡。他所寻求的不是精妙或复杂的改变。他所倡导的不是提高手术精确度。和之前的泽梅尔魏斯一样，他希望医院改变一些基本程序。例如，许多人在手术后使用呼吸机时感染了肺炎。随机研究显示，只要提升病床头部的高度，并且频繁清理患者口部，就可以大大降低感染率。贝里克不断考察人们是怎样去世的，然后努力寻找大规模统计证据，以证明医院的干预可能降低这些特定风险。循证医学研究还提出了一些建议，比如通过反复核对确保正确的处方和用药，采用最新的心脏病疗法，让快速响应小组在首次出现问题迹象时冲到患者床边。所以，这些干预也成了"十万人命运动"的一部分。

贝里克最惊人的建议具有最为古老的传统。他注意到，重症监护室每年有数千人在插入胸腔中线导管后由于感染而去世。在所有重症监护病人中，大约有一半人使用中线导管，而重症监护室的感染又是致命的（死亡率高达 20%）。接着，贝里克开始寻找降低感染率的统计证据。他发现，《重症医学》2004 年的一篇文章指出，系统性洗手（加上一系列卫生程序改进，比如用防腐剂双氯苯双胍己烷清洗患者皮肤）可以将中线导管感染风险降低90% 以上。贝里克估计，如果所有医院仅仅执行这一系列流程，他们每年就可以挽救多达 2.5 万人的生命。多年前，数据分析启迪了伊格纳茨。现在，统计研究又为贝里克指明了挽救生命的道路。

贝里克认为，医疗护理领域可以从航空领域学到很多东西，因为飞行员和空乘人员的自主权比过去小得多。他指出，每次飞行开始时，空乘人员需要逐字宣读联邦航空局安全警告。"我越是研究这些警告，我就越相信，减少医生自主权可以提高患者的安全性，"贝里克说，"医生会为这种言论而怨恨我。"

贝里克设计了强大的宣传手段。他不知疲倦地旅行，到处发表极具魅力的演讲。他在一次集会上说："这个房间里的每个人都将通过此次运动挽救五个人的生命。"他不断分析现实案例，以传达他的观点。他的听众曾经听到他将医疗保健比作森林大火跳跃逃生、小女儿的足球队、丰田、瑞典战舰的沉没、波士顿红袜队、哈利·波特、美国宇航局以及雄鹰和黄鼠狼的不同行为。

他对数字相当感兴趣。他的"十万人命运动"拥有具体的目标，是第一场试图在指定时间里为指定人数挽救生命的国家级运动。它的口号是"一些不是数字，很快不是时间"。

这场运动与 3,000 多家医院签约，覆盖了美国大约 75% 的病床。大约 1/3 的医院同意进行全部六项改革，超过一半医院进行了至少三项改革。运动前，美国住院病人的死亡率约为 2.3%。参加运动的医院平均每家有 200 张病床，每年入住大约 1 万人，这意味着平均每家医院每年死亡 230 人。贝里克根据现有研究估计，参加运动的医院平均每 8 张病床可以挽救大约一条人命——也就是说，拥有 200 张病床的医院每年可以挽救 25 条人命。

参加运动的医院需要提供之前 18 个月的死亡数据，并且需要在实验期间报告每月死亡人数。对于一家拥有 1 万个住院病人的医院来说，你很难判断死亡率的下降是否只是一种随机波动。不过，当你考虑 3,000 家医院的前后对照结果时，你可以对总体影响进行更加准确的评估。

结果令人振奋。2006 年 6 月 14 日，贝里克宣布，这场运动的目标已经实现。在短短 18 个月里，六项改革避免了大约 122,342 名住院病人的死亡。具体的数字也许并不值得相信——部分原因在于许多医院在可以避免的医疗错误上取得了独立进展。即使没有这场运动，一些医院可能也会改变做法，挽救生命。

不过，不管你怎样考虑，这都是循证医学的巨大胜利。你可以看到，"十万人命运动"的核心就是超级数据分析。贝里克的六项干预措施不是来自他的直觉，而是来自统计研究。贝里克在数字中寻找真正导致人们死亡的因素，然后寻找在统计上可以降低这些死亡风险的干预措施。

不过，这种统计研究极为强大。贝里克成功推广了他的运动，影响了美国 2/3 的病床。这种统计研究的影响速度是惊人的，它在仅仅 500 多天之内挽救了 10 万人的生命。它展示了从发表结果迅速转向大规模实施的可能性。实际上，中线研究报告是在十万人命运动开始前仅仅两个月的时候发表的。

"唐·贝里克应该赢得诺贝尔医学奖，"圣迭戈儿童医院主任布莱尔·萨德勒（Blair Sadler）说，"他挽救的生命比如今健在的任何医生都要多。"而且，他并没有停下脚步。2006 年 12 月，他的医疗保健促进会宣布了"五百万人命运动"，这项为期两年的运动试图将病人从 500 万次医疗伤害中解救出来。"十万人命运动"的成功突显了将循证医学结果转化成医疗保健提供者大规模行动的潜力。

错误模型导致错误思维

不过，持续存在的脏手问题突显了让医疗界听从统计学指导的难度。即使存在统计研究，医生也常常不愿意关注——甚至故意忽视——统计学提供的疗法，因为他们的老师不是这样教育他们的。源自1989年的几十项研究发现，无疾病症状人群典型年度体检中通常包含的许多检测几乎没有证据支撑。对于无疾病症状者的例行检查通常不会在统计上延长一个人的寿命。年度体检中的相当一部分内容是陈旧而过时的。不过，医生仍然坚持对大量人群进行这些检查。

哥伦比亚大学内外科医师学院内科医生巴伦·勒纳（Barron Lerner）坐诊时会对每个病人做心肺听诊，检查直肠和淋巴结，对腹部进行触诊，这种程序每年都在重复。

"如果病人问我：'你今天为什么要听我的心跳？'我不能说：'这有助于预测你是否会心脏病发作。'"勒纳说。

"我的老师是这样教我的，这也符合病人的预期。"勒纳说。

更糟糕的是，许多文献中的"医疗传说"在被统计证据有力反驳后仍然长期存在于实践中。在基层，许多执业医生仍然相信：

维生素B12缺乏症必须用注射来处理，因为药片缺乏效果。

戴眼罩可以缓解角膜擦伤患者的痛苦，促进修复。

为急性腹痛患者提供鸦片止痛剂是错误的，因为麻醉剂会掩盖腹膜炎的体征和症状。

不过，得到仔细控制的随机化试验表明，上述观点都是错误的。没有受过培训的大众坚持"民间智慧"和未经证实的替代医学疗法并不令人吃惊。不过，医疗传说怎么会在执业医生之中持续存在呢？

部分原因在于，人们认为新的研究是没有必要的。这是古老的亚里士多德学派的影响。实证检验的整体思想违背了一直在充当研究指导原则的亚里士多德式策略。根据这种策略，研究人员首先应当试图理解疾病的基本性质。当你深刻理解疾病机制时，合适的疗法自然会浮出水面。泽梅尔魏斯之所以很难发表他的结论，是因为他无法对于洗手可以挽救生命的观点给出亚里士多德式的解释。循证医学不是关注疾病真正性质的前端知识，它只会提出关于特定疗法是否有效的后端问题，这很有力量。这并不意味着医学研究应当告别基础研究和亚里士多德式策略。不过，对于每个乔纳斯·索尔克（Jonas Salk），我们都需要一个泽梅尔魏斯，以及一个贝里克，以确保医生的手是干净的。

如果医生接受了关于疾病机制的错误观念或模型，亚里士多德策略就会出现严重问题。许多医生仍然坚持错误疗法，因为他们接受了错误的模型。正如蒙大拿医生和医疗传说终结者罗伯特·弗莱厄蒂（Robert Flaherty）所说："既然它在病理生理学上说得通，那么它一定是正确的。"

此外，一旦一些人对于某种疾病的治疗形成共识，医疗界就会面对遵循这种做法的巨大压力。不过，如果领头者没有获得良好信息，这种盲从可能会使我们走上错误道路。例如，我们现在知道，B12 片剂和注射剂一样有效——有效率都是 80%。不过，假设前几位服用 B12 片剂的患者恰好没有对这种疗法表现出积极效果（而前几位接受 B12 注射的患者表现出了积极效果），这种证据会流传开来，最初的临床医生会告诉学生，B12 片剂不是有效的补充剂。随后的医生会持续使用注射方法，其有效率也是 80%，但却更加昂贵和痛苦。在这种信息追随现象中，最初基于极小样本的错误推断通过教育一代代流传下来。

其他一些拒绝接受循证医学的医生认为，他们通常看不到可以指导决策的良好统计研究。即使在今天，许多医疗程序也没有系统性数据的支持。《纽约时报星期天杂志》诊断专栏作家、康涅狄格州沃特伯里医院内科医生丽莎·桑德斯（Lisa Sanders）是这样说的："尽管循证医学取得了巨大进步，但是我们的日常工作只有很少的一部分拥有支持性证据。"

丽莎是对循证医学进行冷静思考的绝佳人选，因为她在 20 世纪 90 年代接受的早期培训与后来的培训在侧重点上发生了翻天覆地的变化。"学生直到几年前才开始学习统计学，"她说，"我赶上了这波潮流的开端。"

丽莎出生和成长于南卡罗来纳，是真正的新时代女性。在成为医生之前，她是哥伦比亚广播公司新闻部制作人，曾获得艾美奖。她目前的"诊断"专栏是热门电视剧《豪斯医生》的灵感来源，她也是该剧顶级医学顾问。丽莎非常关注循证医学，但也看到了它的局限。

"现在，我正在向所有居民宣传体检的全部知识，"她用她那独特的坦率口吻对我说，"但是我无法告诉他们体检的敏感程度、具体指向或者它有什么积极的预测价值，因为我们对此几乎一无所知。我努力把我的现有知识告诉大家。不过，这仍然是巨大的灰色地带。当你想到你的某种基本工具——体检和历史经验——目前完全没有证据支持时，你会疯掉。这就是我们目前的状态。我们才刚刚起步。"

从某种程度上说，某些疗法缺少支持性证据的现象并不令人吃惊。医学研究是极为昂贵的。这种成本不仅限制了实验人数，而且影响了人们研究和解决的问题类型。制药公司资助人们证明他们的药物有效，但是他们不会研究非专利疗法是否同样有效。

此外，一些严格遵循实证论的研究并没有提供与某些患者有关的信息。临床试验规程通常会排除拥有许多伴发疾病的患者，以便单独评估某种疗法对于特定疾病的影响。遗憾的是，这些试验传统上还会将女性和少数群体排除在外。

医生还会抗拒那些没有得到良好实施的统计研究，这也很有道理。一些研究没有提出合适的问题，或者没有控制足够多的变量。几年前，一项研究发现，过量摄入咖啡因会提高心脏病风险——但它没有考虑到患者的吸烟问题。事实上，烟民更容易饮用大量咖啡。导致心脏衰竭的真正原因不是咖啡因，而是吸烟。这种抗拒完全符合循证医学的思想。循证医学要求医生评估不同证据的质量，并在制定治疗决策时为高质量系统性研究给予合适的权重。问题是，许多医生并没有对相关的循证医学结果进行任何评估，因为他们压根儿不知道这些研究。

随查随用——统计结果的快速传输

如果医生不知道统计结果是什么，他就不能根据统计结果制订决策。要想让统计分析产生影响，我们需要通过某种传输机制将分析传达给决策者。超级数据分析的兴起常常伴随并借助于传输技术的进步，因此决策者可以更加迅速地访问数据并做出实时反应。我们在随机化互联网测试应用中甚至看到了这种传输链条的自动化。谷歌的 AdWords 不仅可以实时显示结果，而且可以自动将你的页面图像转变成能够带来最佳结果的版本。决策者获取超级数据分析结果的速度越快，他们做出改变的速度就越快。

相比之下，在循证医学运动开始之前，医学结果的传播机制极为缓慢而低效，阻碍了医疗实践的发展。医学研究院估计："随机化对照试验生成的新知识进入实践领域平均需要 17 年。即使在 17 年以后，这种知识的应用也极为不均衡。"只有患者的去世才会为医学带来进步。如果医生在医学院或现场没有学到某个知识，那么他很可能永远不会知道这个知识。

和超级数据分析的其他例子类似，循证医学运动试图缩短重要结果的传播时间。循证医学的核心要求是让医生调查特定患者的问题，这可能也是最受抵触的要求。泽梅尔魏斯要求医生一天多次洗手，惹恼了医生。类似地，循证医学运动要求医生改变时间分配，这似乎很无礼。

当然，医生不应该为所有患者实施具体调查。当患者表现出普通感冒的典型症状时，查阅书籍是对时间的巨大浪费。在急诊室，人们根本没有时间进行调查。不过，在执业医生之上的学术人士发现，对于当前研究成果的梳理可以使大约1/3的新病人获益。对于首次入院的患者来说，这个比例还会提高。不过，在这些研究中，很少有医生愿意花时间寻找答案。

循证医学的批评者常常关注信息的缺失。他们说，在许多情况下，面对日常临床决策中出现的众多问题，医生根本找不到可以提供指导的高质量统计研究。医生抗拒循证医学的另一个深层次原因与此恰恰相反：循证信息实在太多了，个体执业者根本无法有效吸收所有信息。光是冠心病，每年发表的统计文章就有超过3,600篇。希望在该领域保持前沿地位的专家需要每天阅读十几篇文章（包括周末）。以每篇文章15分钟计算，一个人每天需要专门拿出两个半小时阅读仅仅一种疾病的文献。"而且，这很浪费时间，"丽莎说，"大多数文章没有价值。"

显然，要求医生花费如此多的时间阅读大量统计研究报告永远都是不可行的。循证医学倡导者从一开始就知道，要想让执业医生从不断变化的大规模医学研究数据库中提取高质量的相关信息，信息检索技术是至关重要的。实际上，盖亚特和哈克特（Hackett）在 1992 年最初的那篇文章中进行了预测，想象了初级住院医师看到"之前健康的 43 岁男子癫痫大发作"时可能的反应。循证执业者不是只会向高级住院医师或主治医师寻求帮助，他会"前往图书馆，使用'Grateful Med 程序'，进行……计算机文献搜索……这种搜索需要住院医师花费 2.68 美元，整个过程（包括前往图书馆和复印文章的时间）需要半小时"。现在看来，住院医师在半小时里前往图书馆并寻找和复印一篇文章的想法乐观得可笑，但是 1992 年以来的某种变化使半小时搜索的想法获得了可行性，这个变化就是阿尔·戈尔的朋友——互联网的出现。我们有时不会记得，第一款网络浏览器是在 1993 年发布的。

　　"计算机和互联网技术使面对患者的一线医生对于循证医学的系统性实践最终成为可能，"丽莎说，"我们所有人现在都可以在书桌前了解最新、最优秀的医学研究。例如，我们可以很快了解到，骨关节炎的膝关节镜手术和预防心脏病的绝经后激素替换已经不再是有效疗法了。"由于网络的出现，今天的每个检查室都可以拥有一座虚拟图书馆。

　　网络检索技术使医生很容易寻找与特定患者的特定问题相关

的结论。虽然现在的优质统计学文章比之前任何时候都要多，但医生大海捞针的速度却比之前任何时候都要快。现在的一些计算机辅助搜索引擎致力于让医生了解相关统计研究。在 Infotriever、DynaMed 和 FIRSTConsult 这些网站上，医生只需点击几下鼠标就可以找到最新研究汇总。

这些结果汇总通常包含网页链接，医生可以点击进入，看到完整的研究报告以及随后引用过它的所有报告。即使不继续点击，只要观察"证据等级"指标，医生也可以从最初的搜索结果中获得很多信息。今天，每篇研究报告拥有一个评分（根据牛津循证医学中心提出的十五级标准评分），可以使读者迅速了解其证据质量。最高评分（1a）只适用于多项随机化试验得到类似结果的情形，而最低评分意味着相关疗法仅仅基于专家意见。

这种简单描述证据质量的做法可能是循证医学运动最重要的影响之一。现在，执业者在评估研究建议时可以更好地知道这种建议的可信度。作为超级数据分析的工具之一，回归不仅可以做出预测，而且可以告诉你预测的准确度，这是它最大的优势之一。上述证据等级公示也是如此。循证医学不仅可以提供治疗建议，而且可以告诉医生这种建议所依据的数据质量如何。

一些反对者认为，循证方法行不通，因为我们没有足够多的研究，无法回答医生需要回答的所有问题。对此，上述证据评分是一种有力的回应。在评分制度下，即使缺少权威统计证据，专家仍然可以回答当天的紧急问题。此外，它还揭示了该领域当前知识的局限。证据评分等级制度也是信息检索领域简单而真实的进步。现在，匆忙的医生在浏览几十个互联网搜索结果时可以分辨哪些是传言，哪些是得到多项研究支持的可信结果。

互联网的开放性甚至也在改变医疗文化。回归和随机化试验结果不仅对医生开放，而且对任何有时间搜索关键字的人开放。医生正在感受到阅读的紧迫性，这不仅是因为他们更加年轻的同事要求他们这样做，也是因为越来越多的患者比他们知道的还要多。汽车买家前往展销厅之前会进行网上查询。类似地，许多患者会访问 Medline 等网站，以了解他们的疾病。Medline 网站最初是为医生和研究人员建立的。现在，该网站超过 1/3 的访客是普通民众。

作为回应，Medline 添加了 12 份消费者健康期刊和专门面向患者的姊妹网站 MedlinePlus。因此，互联网不仅改变了向医生传达信息的机制，而且改变了影响技术，即患者对于医生的影响机制。

要想改变现实世界的决策，技术对于超级数据分析是至关重要的。当商界或政界决策者进行一项研究时，结果的传递机制通常不是问题。此时的"技术"可能只是将结果文件交给你的老板而已。不过，当人们对于一般问题进行数百项甚至数千项独立研究时，如何迅速检索最有用的结果常常决定了这些结果改变决策的可能性。

未来已来

循证医学的成功很好地体现了数据驱动型决策的兴起。这种决策不是基于直觉或个人经验，而是基于系统性统计研究。超级数据分析颠覆了传统智慧，发现了贝塔受体阻滞剂可以帮助心衰患者。超级数据分析表明了雌激素疗法不会为衰老的女性带来帮助。超级数据分析带来了"十万人命运动"。

到目前为止，医疗领域数据驱动型决策的兴起在很大程度上局限于治疗问题。下一波浪潮几乎一定会涉及诊断。

互联网信息数据库已经对诊断产生了奇怪的影响。《新英格兰医学期刊》描述了纽约某家附属医院的一次会议。"一位过敏和免疫方面的同事展示了一个婴儿病例，问题包括腹泻、异常皮疹（'鳄鱼皮'）、包括 T 细胞功能低下在内的多项免疫异常、组织嗜酸细胞增多（胃黏膜）、外围嗜酸细胞增多以及某种明显与 X 染色体有关的基因模式（一些男性亲属幼年过世）。"经过长期讨论，与会医生和学者无法就正确诊断达成任何共识。最终，教授询问这位同事是否做出了诊断。这位同事说，她的确做出了诊断。她提到了一种名为 IPEX 的罕见综合征，可以与上述症状完美匹配。人们问她是如何做出诊断的，她回答说："我在谷歌上输入这些典型特征，它就直接跳出来了。"与会医生目瞪口呆："威廉·奥斯勒（William Osler）一定会从坟墓里坐起来。你搜出了结果？……我们这些医生已经没用了吗？"

与会者在不经意间提到了威廉·奥斯勒的名字，这很恰当。奥斯勒是约翰·霍普金斯大学的创办者之一，是住院医师计划之父，而住院医师计划一直是所有临床培训的基石。如果奥斯勒听说有人在谷歌上搜索诊断和治疗方法，他一定会从坟墓里坐起来，因为互联网已经取代了教学人员，成为年轻医生的主要知识来源。年轻医生不需要遵从长辈的智慧。他们可以使用另一种不会以折磨他们为乐的资源。

一些医学院和私人公司正在开发第一代"诊断决策支持"软件。在一款名为"伊莎贝尔"的软件上，医生可以输入患者的症状，获得最有可能的原因清单。该软件甚至可以显示患者的症状是否可能源于超过四千种药物的使用。伊莎贝尔数据库将超过1.1万种具体疾病与一系列临床发现、实验室结果、患者历史和症状本身相联系。伊莎贝尔软件开发的程序员为所有疾病建立了分类系统，然后通过统计方法在最有可能与每种疾病有关的期刊文章中搜索关键词，以建立数据库。这种统计搜索算法极大提高了为特定疾病和症状建立联系的效率。随着新的相关优质预测文章的出现，数据库还可以不断更新。这种关于相关性的预测不是非黑即白的布尔式搜索，它对伊莎贝尔的成功非常重要。

伊莎贝尔项目源于一个股票经纪人的个人经历，此人因误诊而备受折磨。1999年，伦敦住院医师将詹森·莫德（Jason Maude）三岁的女儿伊莎贝尔（Isabel）的疾病误诊为鸡痘并让她回家。第二天，她的器官开始停止运转。直到此时，医院重症监护主治医师约瑟夫·布里托（Joseph Britto）才意识到，她感染了一种可能致命的食肉病毒。虽然伊莎贝尔最终康复，但是她的父亲深受打击，辞去了金融工作。莫德和布里托共同创办了一家公司，开始开发伊莎贝尔软件，以对抗误诊。

误诊占所有医疗失误的大约1/3。解剖研究显示，多达20%的致死疾病被误诊，"如果你观察成功的医疗事故索赔，"布里托说，"你会发现，误诊大约是处方错误的两三倍。"事实上，医生在为数百万病人治疗错误的疾病。更麻烦的是，《美国医学协会期刊》2005年的一篇社论指出，过去10年的误诊率并没有明显减少。

伊莎贝尔的目标是改变诊断学的停滞状态。莫德说得很简单，"计算机比我们更擅长记忆"。世界上有超过1.1万种疾病，人脑并不擅长记忆每种疾病的所有症状。实际上，伊莎贝尔将自己宣传为医疗诊断领域的谷歌。和谷歌类似，它可以帮助我们在大型数据库中搜索和检索信息。

误诊最大的原因是"过早断言"。医生认为他们做出了正确的诊断——比如上述住院医师认为伊莎贝尔·莫德患有鸡痘——因此不再考虑其他可能。伊莎贝尔是其他可能性的提醒系统，它生成的页面会询问"你是否考虑过……"之类的问题。仅仅是对于其他可能性的主动提醒就可能产生深远影响。

2003 年，佐治亚乡村地区的一个四岁男童住进了亚特兰大一家儿童医院。正如戴维·莱昂哈特（David Leonhardt）在《纽约时报》中所说，男童几个月来一直在发烧。血检显示，男童患有白血病，医生要求从第二天开始进行一个疗程的强力化疗。

医院高级肿瘤医师约翰·伯格萨格尔（John Bergsagal）对于男童皮肤上的浅棕色斑点感到困惑，因为它不太符合白血病的典型症状。然而，伯格萨格尔需要做许多文书工作，他很想相信血检结果，因为血检结果明显具有白血病的特征。"一旦走上某一条临床路径，"伯格萨格尔说，"你就很难回头了。"

不过，伯格萨格尔最近刚好读到了一篇关于伊莎贝尔的文章，并且注册成为该软件的测试版试用者。所以，伯格萨格尔没有立即接诊下一位病人，而是坐在计算机前，输入了男童的症状。在"你是否考虑过……"清单的顶部附近有一种化疗无法治愈的罕见白血病。伯格萨格尔之前从未听说过这种疾病，但他很有信心，因为这种疾病常常具有棕色皮肤斑点。

研究人员发现，在医生的每十次访问中，伊莎贝尔大约会有一次帮助医生加入一项他们应该考虑但没有考虑过的重要诊断。伊莎贝尔在不断接受考验。《新英格兰医学期刊》每周都会登载一个诊断难题。只要将患者的病历剪切并粘贴到输入框中，伊莎贝尔就可以生成 10～30 种诊断。经过期刊验证的（通常是通过解剖验证的）正确诊断出现在软件清单中的概率为 75%。如果将症状手工输入到更加精细的输入字段中，伊莎贝尔的成功率就可以提升到 96%。该程序不会选择某一种诊断。"伊莎贝尔不是预言家。"布里托说。它甚至不会给出可能性，或者根据概率为诊断排序。不过，将可能原因从 1.1 万种疾病缩小到 30 种未排序疾病仍然是一种巨大进步。

我喜欢电视剧《豪斯医生》。不过，剧中的主角虽然拥有无与伦比的诊断能力，但却从不查找任何资料。每个星期，他都会根据个人经验和夏洛克式推理能力完成一次诊断表演。《豪斯医生》是一部精彩的电视剧，但是医疗保健系统却不能通过这种方式运转。我的朋友丽莎·桑德斯负责向这部连续剧提供剧本素材建议。我曾建议她在《豪斯医生》的某一集中让主人公与循证诊断进行对决——就像卡斯帕罗夫（Kasparov）和计算机"深蓝"的对决一样。伊莎贝尔公司的约瑟夫·布里托医生认为这行不通。"这样一来，每一集就不是一个小时，而是五到七分钟了，"他解释说，"我认为伊莎贝尔更加适合《实习医生格蕾》或《急诊室》，因为这些电视剧里的人物需要在很大的时间压力下做出许多决策。"人类只有在小说中才会击败机器。

超级数据分析还会进一步改进诊断决策。目前，这些软件主要还是在分析期刊文章。伊莎贝尔的数据库有几万种关联，但是归根结底，它只是在整理医学期刊文章中发布的信息。一个医生团队会用谷歌式自然语言在文献中搜索与特定疾病相关的症状，并将结果输入到诊断数据库中。

目前的情况是，如果你去看医生或者住院，那么你的经历对于我们的集体医学知识没有任何价值——除非你的医生恰好将其写进期刊，或者你的病历刚好被某项特别研究采用。从信息角度看，我们大多数人的死亡是毫无意义的。我们的生死无法为下一代提供任何帮助。

医疗记录的迅速数字化意味着医生终于有机会对于全民医疗保健经历中包含的丰富信息加以利用了。在一两年内，伊莎贝尔就可以根据你的特定症状、病历和检查结果给出你患有特定疾病的可能性，而不是提供没有差异的诊断清单。在描述未来的可能性时，布里托兴奋起来，"一个50多岁的病人走进来，他的问题包括胸痛、出汗和心悸，"布里托说，"医生可以在医疗记录中了解到，过去一年，在中大西洋凯泽永久医疗集团，出现这些症状的病人患有心肌梗死的可能性要大一些，患有壁内动脉瘤的可能性要小一些。"

有了数字医疗记录，医生就不需要输入症状并查询计算机了。伊莎贝尔可以自动从记录中提取信息，做出预测。实际上，伊莎贝尔最近与NextGen合作，开发了一款软件，拥有一组有结构的输入字段，用于捕捉重要数据。在传统记录中，医生会毫无条理地写下他在事后认为有用的信息。相比之下，NextGen 从一开始就可以更加系统地收集数据。"我不想对我的同事明说，"布里托倾诉道，"但在某种程度上，你改变了医生自由输入这些数据的现状。如果你拥有结构化字段，你就可以迫使医生依次填写每个字段。因此，你得到的数据会更加丰富。如果你让医生自己去写病历，他们往往会写得很简略。"

对于这些新的大型数据库的超级分析可以使医生第一次有机会为实时流行病学做出贡献。"例如，"布里托说，"伊莎贝尔可能会告诉你，一小时前，在你们医院四楼，一位入院病人拥有类似的感染和水疱症状。"和单一参与者的随意观察相比，一些模式更容易在整体数据中显现出来。

诊断还应该依赖于医疗保健系统无数使用者的经历，而不是仅仅依赖于专家过滤出来的数据。实际上，数据库分析最终可能会改进关于诊断研究的决策。对于和你具有相同症状的人，哪些检查生成了有用信息？哪些问题最有帮助？我们甚至有可能知道提出问题的最佳顺序。

当布里托在 1999 年学习开飞机时，他吃惊地发现，飞行员很容易掌握飞行支持软件。"我向飞行教练询问医生和飞行员的区别，"布里托说，"他告诉我：'很简单，约瑟夫。和飞行员不同，医生不会坠机。'"

这句话说得很好。不过，我认为医生抗拒循证医学更大的原因在于，没有人愿意改变他们之前使用的基本行为模式。当伊格纳茨·泽梅尔魏斯很久以前大胆建议医生每天反复洗手时，他发现了这一点。当循证医学支持者建议医生对每个病人查找最合适的疗法时，他们遇到了同样的反应。许多医生已将治疗的很大一部分选择权交给了超级数据分析师，丽莎·桑德斯将诊断和寻找合适疗法的问题区别开来，称前者是"我的地盘"，后者则"掌握在专家手中"。她所说的"专家"指的是超级数据分析师，即对于最佳疗法进行统计研究的博士。不过，伊莎贝尔很快就会入侵医生的地盘。战斗将会转移到循证诊断领域。伊莎贝尔医疗保健公司小心地强调说，它只提供诊断支持。不过，事情很明显。结构化电子输入软件可能很快就会迫使医生回答计算机提出的问题。

超级数据分析革命意味着数据驱动型决策的兴起。它意味着用回归和随机化试验的统计预测指导你的选择。这是循证医学支持者的真正目标。同本书提及的其他几乎所有决策者类似，大多数医生仍然坚持认为诊断是一门艺术，他们的专业知识和直觉对于诊断至关重要。不过，对于超级数据分析师来说，诊断仅仅是另一种预测而已。

魔鬼统计学

Super Crunchers:
Why Thinking-By-Numbers is the New Way To Be Smart

第五章 传统专家 vs. 算法方程

前面几章一直在谈论超级数据分析的预测问题。营销分析师可以预测你希望购买哪些产品，随机化研究可以预测你对于某种处方药（或者网页和政府政策）的反应，eHarmony 可以预测你所希望的结婚对象。

那么，谁的预测更准确？是超级数据分析师，还是传统专家？实际上，这个问题被研究人员讨论了几十年。直觉主义者和临床医师几乎一致认为，他们做出决策时依据的变量不能量化，不能简化成僵硬的算法。不管这种说法是否正确，我们都可以进行独立测试，看看基于统计预测的决策规则与基于经验和直觉的传统专家决策哪个更好。换句话说，超级数据分析可以用于判断专家在预测上能否胜过由回归生成的方程或随机化实验。我们可以后退一步，用超级数据分析测试它自身的力量。

这就是特德·鲁格（Ted Ruger）早在 2001 年的想法。当时，宾夕法尼亚大学法律教授鲁格正在参与一次讲座。台上的两位政治学家安德鲁·马丁（Andrew Martin）和凯文·奎恩（Kevin Quinn）介绍了一篇关于超级数据分析的技术文章。马丁和奎恩在论文中宣称，通过使用关于案件的少数政治变量，他们可以预测最高法院法官的投票情况。

　　特德并不买账。特德看上去并不像是通常那种瘦弱的学者。他有着运动员般的魁梧身材，下巴很宽，表情坚毅，外表英俊（就像长着深棕色头发的青年罗伯特·雷德福一样）。在那场研讨会上，他并不喜欢这些政治学家对于结果的描述。"他们实际上使用了预测术语，"特德对我说，"我坐在听众席上，对于他们的研究有些怀疑。"那篇论文的所有工作都在试图预测过去，对此他并不满意。"和许多法律或政治科学研究类似，"特德说，"它具有追溯性质。"

　　所以，研讨会结束后，特德找到他们，提出了一项建议。"从某种意义上说，这就是项目的开端。我在会后和他们谈话，说，为什么不能进行前瞻性测试呢？"他们在交谈中决定进行一次比赛，开展一次友好的跨学科竞争，用两种不同方式预测最高法院对于案件的判决结果，对其准确性进行比较。一边是政治学家通过超级数据分析做出的预测，另一边是83位法律专家的意见。他们的任务是提前预测最高法院每位法官在2002年辩论的每一起案件中做出的投票。专家们是真正的法律明星，由法律教授、从业者和评论员组成（其中38人做过最高法院法官的书记员，33人是讲席教授，5人是当时或之前的法学院院长）。超级数据分析算法为所有法官在所有案件中的投票做出预测，专家们则只需要在自己的专业领域预测案件投票结果。

特德认为这场对决并不公平。政治学家的模型只考虑了六个因素：（1）最初的巡回法院；（2）案件的问题领域；（3）起诉人的类型（比如美国、雇主等）；（4）被告的类型；（5）下级法院判决的意识形态方向（自由或保守）；（6）起诉人是否声称某部法律或某种做法违宪。"我最初的感觉是，"特德说，"他们的模型过于简单，无法捕捉到决策的微妙之处，因此法律专家会有更好的表现。"毕竟，关于法律和历史案例的详细知识应该会发挥一些作用。

这项简单的测试涉及了一些最基本的法律问题。奥利弗·温德尔·霍姆斯法官（Justice Oliver Wendell Holmes）建立了法律实证主义思想，宣称"法律的生命不是逻辑，而是经验"。在霍姆斯看来，法律只不过是"对于法官未来行为的预测"而已。霍姆斯反对哈佛院长、苏格拉底式法律教育方法支持者克里斯托弗·哥伦布·兰德尔（Christopher Columbus Langdell）的观点，后者认为"法律是科学，这门科学的所有可用资源存在于现有书籍之中"。霍姆斯觉得"时代感受到的必要性、主流道德和政治理论、公开或无意识的公共政策直觉甚至法官与同事共有的偏见"与准确的预测"关系更加密切"。

政治学的主流统计模型具有霍姆斯特征，因为它几乎只强调法官的偏见、个人意识形态。政治学家通常假定这些政治理念是固定的，可以在从自由到保守的单一数轴上做出整齐的排列。这种超级数据分析算法生成的决策树一点也不复杂。根据九位法官之前判决的 628 起案件的历史数据，马丁和奎恩首先考察了六项因素预测法官一致做出确认或反对决定的情况。接着，他们用同样的历史案例寻找流程图（各项因素的有条件组合），以便最好地预测每位法官在并非全体意见一致的案件中做出的投票。例如，研究报告用下面的流程图预测桑德拉·戴·奥康纳法官（Justice Sandra Day O'Connor）的投票：

这个预测流程图极为粗糙。第一个决策点认为，每当下级法院判决被认为具有"自由"性质时，奥康纳都会投反对票。因此，在 2002 年那起挑战密歇根法学院平权政策合法地位的格鲁特尔诉博林杰案中，模型做出了错误预测，认为奥康纳会投反对票，而这仅仅是因为下级法院判决具有自由性质（支持法学院的平权政策）。对于"保守"的下级法院判决，流程图要稍微复杂一些，其预测取决于最初的巡回法院、被告类型和案件的问题领域。不过，这种统计预测完全忽略了案件中的具体问题和法院的过往判例。对于具体问题拥有大量知识的法律专家一定会表现得更好。

注意，这个统计模型仍然需要对案件进行人为判定。要想判断下级法院判决"自由"还是"保守"，你仍然需要某种专业知识。这项研究显示了统计预测是如何兼容并取决于主观判断的。没有什么能够阻止统计决策规则依赖于专家或临床医师的主观意见。某种规则可以询问护士是否认为患者看上去"不稳定"。不

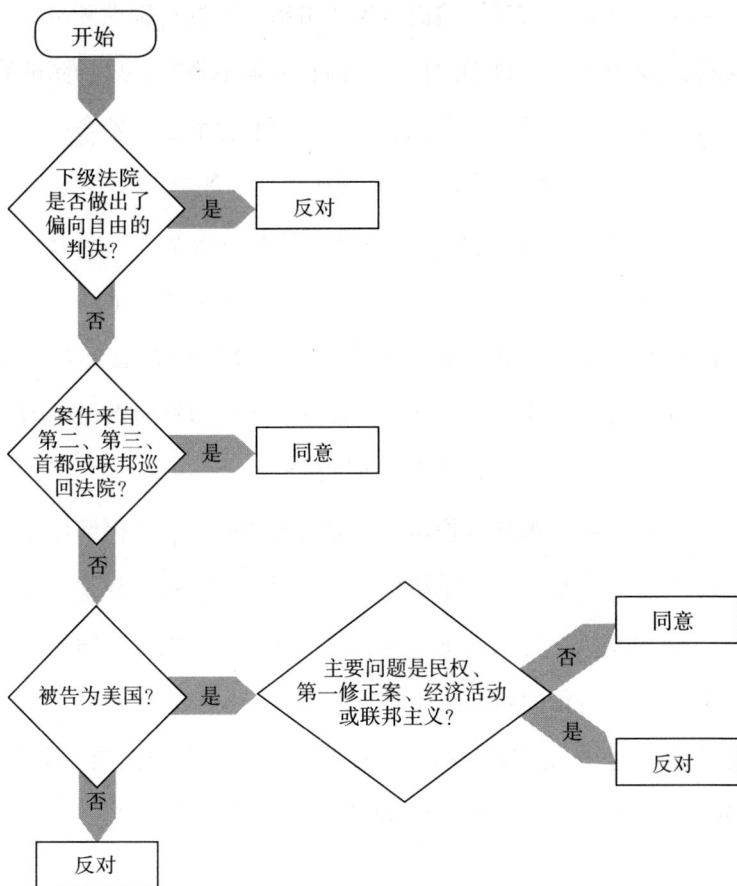

```
开始
  ↓
下级法院
是否做出了      是
偏向自由的    ────→  反对
判决?
  ↓否
案件来自
第二、第三、    是
首都或联邦巡  ────→  同意
回法院?
  ↓否
被告为美国?   是    主要问题是民权、   否    同意
            ────→  第一修正案、经济活动  ────→
  ↓否              或联邦主义?     ↓是
反对                              反对
```

来源：安德鲁·D. 马丁等，《最高法院决策的预测方法比较》，两种政治视角 763（2004）

过，这是一种完全不同的专业知识。专家只需要对具体特征存在
与否发表意见，不需要做出最终预测。人类的专业知识在这方面
也许拥有某种话语权，但超级数据分析方程会限制和引导这种自
主权。

特德"前瞻式测试"的简单想法引出了一场戏剧性测试。在最高法院的开庭期，许多内部人士饶有兴趣地观察着这场测试的展开。在判决宣布前，计算机和专家的预测会被公开发布在网站上，因此人们可以同时看到结果和铺天盖地的评论。

专家输了。对于最高法院 2002 年针对所有案件的同意和反对情况，模型的预测正确率为 75%，而法律专家的总体正确率只有 59.1%。超级数据分析尤其擅长预测奥康纳法官和肯尼迪（Kennedy）法官的重要摇摆选票。模型对于奥康纳投票结果的预测正确率是 70%，专家的成功率则只有 61%。

一个高度简化的统计模型怎么会胜过律师乃至掌握案件详细信息的各领域专家呢？这个结果是否仅仅是某种统计异常？它是否与个体特质或法律行业的傲慢有关？这是本章的核心问题。简单的回答是，特德的测试代表了一种更加广泛的现象。几十年来，社会学家一直在比较超级数据分析师和传统专家的预测准确率。在各项研究中，超级数据分析师明显更胜一筹。

"令人不安的小书"

早在 1954 年，保罗·米尔（Paul Meehl）写了一本书，叫作《临床和统计预测对比》。这本小书在心理学家之中引发了巨大争议，因为它记录了其他大约 20 项实证研究的结果，这些研究对于

"临床"专家和简单统计模型的预测进行了比较。这些研究涉及各种预测，比如精神分裂症患者对于电击疗法的反应，或者囚犯对于假释的反应。米尔的惊人发现是，没有一项研究显示专家的预测优于统计方程。

保罗·米尔是开启这场辩论的完美人选。他是心理学巨匠，最终成为美国心理学协会主席。他为明尼苏达多相人格检查表的开发做出了贡献，这令他声名赫赫。今天，这种检查是心理健康领域使用最频繁的人格测试之一。米尔之所以适合开启人机辩论，是因为他对两者都很关注。米尔是实验心理学家，认为临床思考很有价值。他之所以写下那本书，是因为他本人遭遇了某种冲突。一方面，他主观上相信临床经验会转化成专业知识。另一方面，"所谓的专家在诊断判断和预测的可靠性和有效性上令人失望"。

由于他在书中的观点，一些人认为他是坚定的数据分析师。米尔在自传中写道，在一次研讨会之后的派对上，一群实验心理学家私下里庆祝他"狠狠教训了临床医师"。当米尔宣布自己重视心理分析，甚至在办公室里悬挂了弗洛伊德（Freud）的油画时，他们很吃惊。米尔相信这些研究结果，即统计学家可以对许多问题做出更好的预测。不过，他也指出，心理分析对于梦的解释是"难以事实化和客观化的推测过程的绝佳案例"。米尔写道：

我当时还没有做过完整的分析，但我〔告诉他们〕，一个在维也纳接受培训的分析师对我进行了大约85个小时的指导，我本人的治疗模式具有强烈的心理动态倾向……大家的热情明显消退了。一位著名的实验心理学家立即产生了敌意。他盯着我，说："拜托，米尔，你在明尼苏达接受过科学培训，做过小白鼠实验，精通数学，发表过刚才那种精彩的演讲，像你这种人怎么会认为弗洛伊德那些垃圾释梦理论有道理呢？"

米尔这种看似自相矛盾的状态持续了五十多年。他最初的研究报告——他戏谑地称之为"我那令人不安的小书"——只是一个开始，它所讨论的问题不仅成了米尔本人持续一生的研究目标，而且为其他人开启了一个名副其实的人机研究产业。

为了比较统计决策和专家决策的成功率，研究人员目前已经完成了许多项研究。从婚姻满意度和学术成功，到企业倒闭和谎言探测，他们分析了超级数据分析师和专家在各个方面的预测可靠性。只要你拥有足够大的数据集，几乎任何决策都可以通过数据分析得到。研究显示，即使是猜测某人的性取向或者构造令人满意的纵横字谜，使用统计数据库的数据分析师也可以胜过人类。

不久前，荷兰埃因霍温大学教授克里斯·斯尼德斯（Chris Snijders）决定和专业公司采购员来一场比试。斯尼德斯（与白色城堡"汉堡"谐音）收集了700多家荷兰企业进行的超过5,200次计算机设备和软件采购数据。对每一次采购，斯尼德斯拥有

300多项交易信息——包括一些采购满意度信息，比如送货是否延误或者不符合要求，产品是否缺少文档说明。"我感觉，"他对我说，"这里面有一些对世界有用的知识。所以，我带着文件四处奔走，努力向各公司解释数据中隐藏的信息，但是他们却嘲笑我。'你知道什么？你从未在任何一家公司工作过。忘了你的数据吧。'这就是我进行这项测试的原因。如果你认为这些数据毫无用处，那么，我们走着瞧吧。"

斯尼德斯用部分数据得出了回归方程，涉及公司采购在十四个方面的交易满意度——比如尺寸、供应商名声以及律师是否参与了合同谈判。接着，他用另一组交易进行测试，对超级数据分析得到的预测与专业采购经理的预测进行比较。和最高法院测试类似，每位采购专家需要分析几个不同的采购案例。

和之前的研究类似，在送货及时性、预算符合性和采购满意度的预测上，斯尼德斯的采购经理输给了一个简单的统计公式。斯尼德斯及其同事发现，职业经理的判断实在"乏善可陈"。超级数据分析公式甚至胜过了高水平经理。更有经验的经理并不比新手更加优秀。而且，评价本行业交易的经理并不比评价其他行业交易的经理更加出色。归根结底，研究显示，采购专业人士并不能在预测上胜过简单的回归公式。斯尼德斯相信，这一结论具有普遍性。他宣称，"只要你拥有一些历史以及一些来自过往经历的定量数据"，回归就会获胜。"这不只是空中楼阁，"他说，"我有数据支持这一观点。"

在长期的人机比较中，斯尼德斯的结果只是最近的一个例子而已。米尔在晚年与他来自明尼苏达的门生威廉·格罗夫（William Grove）完成了对136项人机研究的"元分析"。在136项研究中，专家预测的准确率明显超过统计预测的只有8项。在其余研究中，半数的统计预测"决定性地胜过了"专家预测，半数的准确率没有明显差异。总体而言，在二元预测方面，在这些迥然不同的领域中，专家的平均准确率大约是2/3（66.5%），超级数据分析师的成功率几乎达到了3/4（73.2%）。对专家有利的8项研究没有集中于特定问题领域，没有任何明显的共同特征。米尔和格罗夫总结道："这些异常研究最可信的解释是，它们来自随机采样有误差的组合（136项中的8项异常），以及临床医师比精算公式拥有更多数据的信息优势。"

为什么人类不善于预测？

这些结果是科幻小说中的噩梦。我们各个领域最优秀、最聪明的专家正在输给超级数据分析做出的预测。为什么会这样？

人脑往往存在一些得到证实的认知缺陷和偏差，它们会影响我们的准确预测能力。我们往往会为那些看似突出的罕见事件赋予过高的权重。例如，人们会普遍高估"值得报道的"死亡（比如谋杀）的概率，低估更加常见的死亡概率。大多数人认为，在家中存放枪支会为你的孩子带来危险。不过，史蒂夫·莱维特（Steve Levitt）在考察统计数据后指出："平均而言，如果你拥有枪支，你家院子里有游泳池，那么游泳池使孩子丧命的可能性几乎是枪支的一百倍。"

一旦我们形成关于某件事情的错误观念，我们往往会坚持这种观念。当新证据到来时，我们可能会忽略与原有观念不符的证据，仅仅关注那些支持原有观念的证据。

实际上，你可以对自己的无偏估计能力进行测试。对于下面10个问题，请给出你有90%的把握认为包含了正确答案的范围。例如，第一个填空问题的含义是："我有90%的把握相信，马丁·路德·金（Martin Luther King）去世时的年龄在__岁到__岁之间。"不要为不知道确切答案而担心——也不要在网上搜索。这里的目标是考察你能否构造出以90%的概率包含正确答案的置信区间。下面是10个问题：

	低	高
1. 小马丁·路德·金去世时的年龄如何？	___	___
2. 尼罗河的长度是多少千米？	___	___
3. 欧佩克有多少国家？	___	___
4.《旧约》有多少本书？	___	___

5. 月球的直径是多少千米？　　——　——

6. 波音 747 的空载重量是多少千克？　——　——

7. 莫扎特出生于哪一年？　　——　——

8. 亚洲象的妊娠期是多少天？　　——　——

9. 伦敦和东京的空中距离是多少千米？　——　——

10. 目前已知的海洋最深处的深度是多少米？　——　——

　　你不能回答"我不知道"。你不会不知道。你当然拥有某种概念。你知道海洋最深处超过 5 厘米，不到 16 万千米。我在下面列出了正确答案，你可以看一看你答对了几道题。如果你不试一试，你就不可能获胜。①

　　如果你的十个区间都包含了正确答案，这说明你信心不足。任何人都可以做到这一点——只要让范围足够大就可以了。我可以百分之百确定，莫扎特出生在公元前 33 年和 1980 年之间。不过，几乎所有回答这些问题的人都存在相反的过度自信问题——他们会不由自主地给出过于狭窄的范围。人们认为他们知道的事情要多于他们真正知道的事情。实际上，当爱德·拉索（Ed Russo）和保罗·休梅克（Paul Schoemaker）对 1,000 多人进行测

---

① 　正确答案：1.1939 年。2.6,670 千米。3.13 个国家。4.39 本书。5.3,476 千米。6.17,700 千克。7.1756 年。8.645 天。9.9,590 千米。10.11,034 米。

试时，他们发现，大多数人会答错 4 到 7 个问题。不到 1% 的人给出了包含 9 到 10 个正确答案的范围。99% 的人存在过度自信问题。

所以，人类不仅容易做出有偏预测，而且对于自己的预测过度自信，不愿意在新证据面前改变预测。

实际上，当预测变得更加复杂时，这种偏差和过度自信问题会变得更加严重。人类擅长预测简单的事情——比如摇晃过的可乐罐会喷气。不过，当需要考虑的因素增加时，当每个因素应当具有的权重不太明确时，我们就会遇到麻烦。可乐罐预测只有一个因素：当可乐罐最近被摇晃过时，我们几乎可以确定，它一定会喷气。在嘈杂的环境中，我们常常不清楚应该考虑哪些因素。此时，我们往往会错误地求教于拥有多年经验的专家——棒球球探和医生——他们相信自己知道的比普通人要多。

过度自信不只是学术实验中的问题。它会歪曲现实世界中的决策。直到 2005 年 6 月，副总统切尼（Cheney）还在《拉里金现场》节目中预测，在布什政府任期结束前，美国将结束在伊拉克的大规模驻军。"我想，我们今天看到的军事活动强度一定会下降，"切尼自信地说，"我想，他们正在经历这场叛乱最后的阵痛。"政府对于战争成本的过度自信更加严重。2002 年，总统经济顾问委员会主席格伦·哈伯德（Glenn Hubbard）预测说："任何此种干预的成本都会很小。"2003 年 4 月，国防部长唐纳德·拉姆斯菲尔德（Donald Rumsfeld）驳斥了重建需要高昂成本的说法。

"我认为没有太多的重建工作要做。"他说。一些关键的规划者相信，伊拉克自身的石油收入可以支付战争成本。"在动用美国纳税人的钱之前，我们可以用很多钱为此买单，"国防部副部长保罗·沃尔福威茨（Paul Wolfowitz）预测道，"重建首先要使用伊拉克人民的资产……我们面对的国家可以支持自己的重建。"你当然可以将这些预测看作对自己有利的狡辩，但我认为它们很可能是决策者的真实想法。和其他人一样，这些决策者很难在与原有观念不符的信息面前改变想法。

和人类这些缺陷相比，超级数据分析的预测具有极为精妙的结构。首先，超级数据分析师之所以擅长预测，是因为他们在预测时可以更好地为每个因素分配权重。实际上，回归方程计算合适权重的能力比人类强得多，即使是只有几个变量的非常粗糙的回归也可以在预测上胜过人类。认知心理学家理查德·尼斯贝特（Richard Nisbett）和李·罗斯（Lee Ross）是这样说的："人类的判断不仅比不上最佳的回归方程，而且比不上几乎任何回归方程。"

与那些以自我为中心的专家不同，统计回归没有自我意识和感觉。嘉信股票评级公司用计算机模型评估股票，其高级副总裁格雷格·福赛思（Greg Forsythe）表示："没有情绪在金融界非常重要。在涉及金钱时，人们会变得情绪化。"相比之下，超级数据分析模型对于之前的预测没有任何情绪。在收集到新数据时，它会重新计算统计公式，为每个元素赋予新的权重。

统计预测也不会过度自信。前面说过，Farecast.com 不只是预测机票价格是否会上升，它还会告诉你这种预测成立的可能性。随机化试验也是如此——它不仅可以提供因果证据，而且会告诉你这种因果证据的质量。Offermatica 会告诉你，新的网页设计会将销量提升 12%，这种因果效应在 10.5% 和 13.5% 之间的概率是 95%。每个统计预测都有自己的置信区间。

统计程序不仅可以做出预测，而且可以告诉你预测的质量，这与传统专家形成了鲜明对比。专家有时不会告诉你预测的质量，有时在描述准确率时存在过度自信的整体倾向。实际上，这种差异是向循证医学指导原则转型的核心原因。传统专家制定的指导原则只是无差别地规定了医生应该做什么和不应该做什么。循证指导原则第一次向医生明确提供了支持每个实践建议的证据质量。根据证据质量，医生（和患者）知道哪些指导原则是永恒不变的，哪些指导原则只是基于有限信息的最佳猜测。

当然，数据分析本身也可能存在错误。稍后，我会介绍数据驱动型决策出现重大错误的案例。不过，我们仍然可以看到明显的趋势。由定量预测支持的决策至少和仅仅基于个人经验的决策一样好，而且常常远远优于后者。由于统计优越性的证据不断增加，许多人建议至少剥夺专家的部分决策权。正如唐·贝里克医生所说，如果医生像空乘人员那样被迫遵循更加统一的程序，他们可能会表现得更好。

数据分析与经验知识是否可以兼容？

和直接扔掉传统专家的知识相比，将超级数据分析和经验知识相结合不是更好吗？两种知识不能和平共存吗？

一些证据支持和平共存。传统专家在获得统计预测结果时可以做出更好的决策。坚决维护传统专家权威的人往往同意为专家提供"统计支持"，以便将两种知识结合在一起。诊断软件提供商小心地强调，软件的目的只是提供支持和建议。他们希望由医生做出最终决定和判断。在获得统计预测结果时，人类通常可以做出更好的预测。问题在于，根据克里斯·斯尼德斯的说法，即使有了超级数据分析的协助，人类的预测仍然比不上超级数据分析的预测。"你通常会看到，受到协助的专家比没有受到协助的专家要好，但是仍然比不上模型本身，"斯尼德斯说，"也就是说，如果你为专家提供模型，他们会表现得更好，但是模型本身的表现要更好。"人类常常将机器预测放到一边，坚持自己受到误导的信念。

我曾询问特德·鲁格，问他是否认为自己在获得计算机预测结果时可以做出优于计算机算法的预测。此时，他也落入了过度自信的陷阱。"我应该可以战胜它，"鲁格说道，但他随即纠正了这种说法，"但也不一定。我并不了解我的思维过程。我会看看模型，然后可能会说，我为此能做哪些改进呢？我大概会在许多情况下把事情搞砸。"

越来越多的证据支持另一种将专家和超级数据分析相结合的机制，人类在这种机制中更加卑微，甚或有失尊严。在一些研究中，利用传统专业知识更准确的途径是仅仅将专家评估作为另一项因素添加到统计算法中。例如，特德的最高法院研究显示，计算机可以利用人类的预测，由专家确定更加自由的法官（布雷耶、金斯伯格、苏特和史蒂文斯）做出的投票——因为没有受到协助的专家在预测这些法官的投票时胜过了超级数据分析算法。

这种机制不是让统计学为专家服务，而是让专家为统计机器服务。加利福尼亚州蒙特雷市海军研究生院教授马克·E.尼森（Mark E. Nissen）曾做过人机采购测试，他看到了一种以系统为导向的根本转变，传统专家的最终决策权正在被剥夺。"由计算机负责的领域是最新、最令人激动的领域，"尼森说，"但它们拥有足够的意识，知道在遇到问题时向人类寻求帮助。"让人类和机器相互对话是最好的，但是当二者发生冲突时，让统计预测进行最终决策通常更好。

专家自主权的下降在假释问题上尤为明显。过去 25 年，18 个州用判决指导原则取代了假释系统。保留假释的州正在日益依赖于超级数据分析再犯风险评估。你的信用分数可以很好地预测你偿还贷款的可能性。类似地，假释委员会现在拥有经过外部验证的预测，即暴力风险评定指导等公式得到的评分。这种公式可以估计被释放的囚犯实施暴力犯罪的概率。不过，当人类偏离统计学规定的行动轨道时，即使是得到缩减的自由裁量权也会导致严重风险。

考虑保罗·赫尔曼·克劳斯顿（Paul Herman Clouston）令人担忧的案例。在50多年时间里，由于盗窃汽车、入室盗窃和越狱等罪行，克劳斯顿曾先后在多个州入狱。1972年，他被认定在加利福尼亚谋杀了一位警官。1994年，他在弗吉尼亚犯下重度性暴力、诱拐、鸡奸、袭击年轻人等数项罪行，并在弗吉尼亚教养所服刑至2005年4月15日，在名义刑期结束6个月前获得强制假释。

克劳斯顿出狱后立即逃之夭夭。他没有进行假释报告，而且没有登记为暴力性侵犯者。现在，他是弗吉尼亚最重要的通缉犯之一。他进入了美国联邦法警通缉犯名单，最近还受到了《美国通缉犯》的专题报道。不过，为什么这个71岁的服刑犯会逃亡？为什么他会进入所有这些通缉名单？

这两个问题的答案在于《性暴力侵犯者法案》。2003年4月，弗吉尼亚成了美国第十六个颁布《性暴力侵犯者法案》的州。根据这部不同寻常的法律，服刑期满的侵犯者可以被判定为"性暴力侵犯者"，在州精神病院接受民事监护，直到法官认为他不会为公共安全带来过高风险为止。

克劳斯顿之所以逃亡，很可能是因为他担心被判定为性侵犯者（其法律定义为"存在心理异常或性格缺陷，可能参与性暴力侵犯活动"的人）。出于同样的原因，弗州将克劳斯顿列为"重要通缉犯"。

弗吉尼亚州的另一个尴尬之处在于克劳斯顿最初的获释。你知道，弗吉尼亚州的《性暴力侵犯者法案》包含了一项涉及超级数据分析的创新。根据这部法律，如果超级数据分析算法认为犯人再次实施性侵犯的风险很高，收容程序就会自动触发。在这部法律下，对于即将获释的"在性暴力重犯快速风险评估中获得4分及以上的"所有囚犯，弗吉尼亚惩教局需要评估他们是否应该接受收容。上面这句话引号里面的文字是法律原文。性暴力重犯快速风险评估是基于加拿大男性侵犯者回归分析的评分系统。在这个系统中，4分及以上的评分意味着囚犯在获释后的10年里再次实施性侵犯的可能性是55%。

最高法院以5：4的票数认定之前的《性暴力侵犯者法案》符合宪法——即对于前囚犯的无限期民事收容并不违反宪法。弗吉尼亚法律的独特之处在于，它通过超级数据分析触发收容程序。风险评估工具顶级专家约翰·莫纳汉（John Monahan）指出："弗吉尼亚的《性暴力侵犯者法案》是第一部明确要求使用某种精确预测工具并且规定该工具精确触发分数的法律。"

克劳斯顿可能永远不应该获释，因为他在性暴力重犯快速风险评估中的得分是4分。弗吉尼亚州是否没能按照法律要求评估克劳斯顿的性暴力重犯快速风险评估分数，或者评估克劳斯顿的委员会是否没有理会重犯统计预测，选择释放了他？对此，该州拒绝做出评论。不管怎样，在克劳斯顿的故事中，他的获释似乎是由人类的自由裁量权导致的。

这是一个错误，前提是我们相信性暴力重犯快速风险评估的预测。不过，在得到这个结论之前，我们应该看一看克劳斯顿到底是如何在这种评估中得到 4 分的。该系统简称"剃刀系统"——意指奥卡姆（Occam）剃刀。它仅仅基于下列四项因素：

1. 之前的性侵犯

    无 0

    1 次定罪或 1～2 次起诉 1

    2～3 次定罪或 3～5 次起诉 2

    4 次以上定罪或 6 次以上起诉 3

2. 获释年龄（当前年龄）

    25 岁以上 0

    25 岁以下 1

3. 受害者性别

    只有女性 0

    任何男性 1

4. 与受害者的关系

只有相关者	0
任何不相关者	1

来源：约翰·莫纳汉和劳伦斯·沃克（Laurens Walker），《法律中的社会学：案件与资料》（2006）

克劳斯顿使男性受害，得到 1 分，使不相关者受害，得到 1 分，之前受到 3 次性侵犯起诉，得到 2 分。你很难对克劳斯顿产生同情，但是这个 71 岁的人可能因为他从未犯过的罪行以及其他原因而被终身收容。此外，这种法律触发程序存在基于受害者性别的明确歧视。这些因素没有评估不同囚犯的相对可谴责性。它们只是在预测重犯的可能性。如果完全无关的行为（在冰淇淋上放烤肉酱）与重犯具有有效的正向统计相关性，那么性暴力重犯快速风险评估至少在理论上会根据这种行为进行评分。

这种超级数据分析阈值当然不会导致强制民事收容，它只是要求人们考虑是否将当事人作为"性暴力侵犯者"收容起来。州政府官员在做出这种决策时常常将超级数据分析的预测放在一边。从这部法律通过以来，对于在风险评估中得到 4 分及以上的囚犯，司法部长办公室只对大约 70% 的人提出了收容申请，而法院只批准了大约 70% 的州政府申请。

因此，弗吉尼亚的法律对自由裁量权进行了引导，但是没有将其取消。从许多方面看，完全交出决策权、根据统计算法决定一个人的命运是不可想象的。不管在哪种背景下，完全听从统计预测几乎一定会导致奇怪的决定，我们"知道"这种决定有时会出错。实际上，保罗·米尔很久以前就对"断腿问题"产生了担忧。假设超级数据分析师试图预测每个人在某个晚上是否会去看电影。根据 25 项经过统计验证的因素，超级数据分析公式可能会认为，布朗教授下星期五晚上去看电影的概率是 84%。现在，假设我们还知道，布朗在几天前的事故中腿骨开放性骨折，现在正打着固定，身体无法移动。

米尔知道，在这种新信息面前依赖精算预测是很荒谬的。如果仅仅依赖回归，或者将专家意见作为这种回归的额外输入，我们就可能做出错误决定。统计程序无法估计罕见事件（比如断腿）的因果影响，因为这些事件没有足够多的数据，无法做出可信的估计。事件的罕见性并不意味着事件发生时不会产生巨大影响。它仅仅意味着统计公式无法捕捉到这种影响。如果我们真的想在这种情况下做出准确预测，我们就需要拥有某种自主逃生出口——某种让人类凌驾于预测公式之上的机制。

问题是，这些自主逃生出口也是有成本的。"人们会在各种地方看到断腿，"斯尼德斯说，"尽管它们有时并不存在。"水星号的宇航员坚持要求安装自主逃生出口。他们不想被关在只能从外部打开的太空舱里。他们要求拥有自主权。不过，这种自主权使自由钟 7 号的宇航员格斯·格里索姆（Gus Grissom）在飞船落水时陷入了恐慌。根据汤姆·乌尔夫（Tom Wolfe）的回忆，在海豹突击队抓住浮筒之前，格里索姆"把事情搞砸了"，他提前引爆了保护出口的 70 个爆炸螺栓。太空舱沉入水中，格斯差点淹死。

系统设计者必须仔细考虑下放自主权的成本和收益。在一个又一个案例中，将统计预测放到一边的决策者往往会做出更加糟糕的决定。当真正的断腿事件发生时，专家的介入不会使事情变得更糟。不过，专家对于自己战胜系统的能力过于自信。我们往往认为限制条件适用于其他人，但是不适用于自己。所以，我们不会只在公式出现明显错误的情形中介入。在我们认为自己比机器更聪明的所有场合，我们都会介入，这就是我们遇到麻烦的地方。当假释和民事收容委员会介入统计算法，释放那些暴力概率很高的囚犯时，他们往往会一次又一次地发现，与预测暴力概率较低的假释犯相比，预测概率较高的假释犯再次犯罪的概率也比较高。实际上，在弗吉尼亚，在根据《暴力性侵犯者法案》受到民事收容的几十人中，只有一个人由于被认定不再对社会构成威胁而被释放——尽管他在性暴力重犯快速风险评估中的得分很高。获释后，这个人诱拐并鸡奸了一个儿童，目前仍在监狱服刑。

这里有一个重要的认知不对称现象。将控制权完全交给统计公式一定会导致一些从理智上看必然存在错误的、不可容忍的结果。"断腿"假设很有趣，但无条件服从统计公式会导致一些重大悲剧，比如将器官移植给无法使用它们的人。这些罕见而重要的传闻在我们的意识中会被放大。相比之下，我们不太容易记得，专家凌驾于统计算法之上的自由裁量系统往往会表现得更糟。

所有这些对于人类发展意味着什么？如果我们只关注从总体上获得最优决定，那么我们需要在许多情形中让专家仅仅扮演决策过程的辅助角色。和水星号的宇航员类似，我们可能无法忍受完全拒绝人类干预的系统。不过，我们至少应该跟踪一下专家在忽略预测公式时的表现。"断腿假设"告诉我们，在一些罕见情形中，我们完全有理由忽略统计预测，根据直觉和理智行动。不过，我们还需要关注我们出错的概率，努力将自由裁量权限制在我们优于机器的领域。"干预的水平、类型和背景应该得到持续监督，这很重要，"马萨诸塞大学犯罪学家詹姆斯·伯恩（James Byrne）和阿普里尔·帕塔维纳（April Pattavina）最近写道，"这种评估的一个简单经验规则是 10% 规则：如果相关方有 10% 的风险评分决定被更改，那么相关方在这一领域就有一个需要解决的问题。"他们希望确保将干预局限于相对罕见的情形。我的建议是，如果超过一半的干预出错，这说明人类干预得太多了，就像水星号的宇航员一样。

从许多方面看，对于血肉之躯的人类在决策中的角色来说，这是一个令人沮丧的故事。在这个世界里，人类的自由裁量权将会受到很大限制，人类及其决定将会受到机器输出的控制。在预测过程中，我们人类可以在哪些方面比机器做得更好呢？

我们还能做什么?

用一个词来说,就是假设。留给人类最重要的事情就是用我们的大脑和直觉猜测哪些变量应该或者不应该包含在统计分析中。统计回归可以告诉我们各种因素的权重(同时告诉我们这些权重估计值的准确性)。不过,关于"什么导致什么"的假设需要由人类来生成。回归可以检验是否存在因果效应,可以估计因果影响的大小,但是这种测试需要由某个人指定。

看一下阿伦·芬克(Aaron Fink)的例子。芬克是来自加利福尼亚的泌尿学家,是包皮环切术的积极倡导者。(他是那种愿意为宣传他的思想而自己出书的人。)1986 年,《新英格兰医学期刊》发表了他的一封信,指出未做包皮环切术的人比做过环切术的人更容易感染艾滋病病毒。芬克当时没有任何数据,他只是认为包皮(没有做过包皮环切术的男性的额外皮肤)可能很容易导致感染。芬克还注意到,同 80% 的人未做割礼的赞比亚、泰国等国家相比,在只有大约 20% 的人未做割礼的尼日利亚、印度尼西亚等国家,艾滋病的传播速度要慢一些。芬克在数据的汪洋大海之中注意到了其他人看不到的相关性,这是一种惊人的洞察力。

在芬克 1990 年去世以前,他看到了这种想法的第一次实证证明。肯尼亚艾滋病研究员比尔·卡梅隆(Bill Cameron)对芬克的假设进行了有力的检验。卡梅隆及其同事找到了 422 个人,他们1985 年在肯尼亚内罗毕光顾过娼妓(研究人员知道其中 85% 的娼妓为艾滋病病毒携带者），随后去诊所对艾滋病以外的性病进行了治疗。和特德·鲁格的最高法院研究类似，卡梅隆的测试是前瞻性测试。卡梅隆及其同事就艾滋病病毒、性病和安全套的使用向他们提供了建议，要求他们不再继续接触娼妓。接着，研究人员每月对这些人进行跟踪，持续两年，以了解这些人是否以及在何种情况下成为艾滋病病毒携带者。简单地说，他们发现，未做包皮环切术的群体成为艾滋病病毒携带者的概率是做过包皮环切术群体的8.2倍。

这项规模不大但却很有力的研究引出了随后的几十项研究，证明了其结果。2006年12月，美国国家卫生研究院中止了在肯尼亚和乌干达进行的两项随机化试验，因为最初结果表明，包皮环切术可以将感染艾滋病的风险降低一半以上。盖茨基金会也开始考虑为高风险国家的包皮环切术提供支持。

一位泌尿学家最初的直觉可能挽救几十万人的生命。是的，演绎思维仍然扮演着重要角色。获取知识的亚里士多德式策略仍然很重要，我们仍然需要为事物的真实性质建立理论，进行推测。不过，之前的理论仅仅是理论而已，现在的亚里士多德式策略则会被日益用作统计检验的初始输入。理论或直觉可能使世界上的芬克们推测出 X 和 Y 导致 Z。不过，卡梅隆们进行的超级数据分析随后会发挥决定性作用，对影响大小进行测试并将其参数化。

理论排除潜在因素的作用尤其重要。没有理论或直觉，任何效应都有无数种可能的原因。我们如何知道葡萄酒商人七岁时的午餐不会影响他的喜好或者他下一款年份酒的口味？面对有限的数据，我们只能估计出有限的因果效应。在决定测试什么和不测试什么时，人类的预感仍然很重要。

这个道理更加适用于随机化测试。人们需要提前确定测试内容。随机化试验只能提供某种处理方式相对于对照组的因果影响信息。Offermatica 等技术使测试几十种不同处理方式变得非常便宜。不过，测试范围仍然存在限制。如果有人测试冰淇淋节食是不是健康的减肥方式，那么他很可能只是在浪费资金。不过，理论告诉我，测试金钱激励是否有利于减肥可能不是一个坏主意。

所以，机器仍然需要我们。人类不仅可以决定测试内容，而且可以收集数据，有时还可以创造数据。放射医生对于组织异常的重要评估可以纳入统计公式中。假释官员对于特定囚犯是否恢复正常的判断也可以作为统计公式的一项参数。在数据库决策的全新世界里，这些评估只是公式的输入而已，决定这些评估权重的不是专家，而是统计学。

阿尔伯特·爱因斯坦说过："最有价值的是直觉。"从许多方面看，这句话现在仍然很有道理。不过，直觉正在日益成为超级数据分析的前驱。在一个又一个案例中，没有进行统计分析的传统专家输给了没有辅助的直觉。正如保罗·米尔去世不久前总结的那样：

大量不同性质的研究不约而同地指向了同一个方向，这引发了社会学从未有过的争议。当你驳斥100项研究、反对从足球比赛结果到肝病诊断的各种预测时，当你几乎无法找到半打研究、以证明对临床医师有利的微弱趋势时，你就应该得出一个务实的结论。

当这些结果发生在其他人身上时，你很容易接受它。很少有人愿意承认基于少数几项因素的粗糙统计算法比自己强。大学不愿意承认计算机可以选到更好的学生，图书出版商不愿意将手稿的最终选择权交给算法。

不过，到了某个时候，我们应该承认，超级数据分析的优越性不只与其他人有关。它不只涉及棒球球探、葡萄酒评论家、放射医师……这份名单可以一直持续下去。实际上，到了现在，我希望你能够相信，这个世界上正在发生一些真实的变化。超级数据分析正在许多不同领域影响现实决策，这牵涉到消费者、患者、工人和广大人民。

科罗拉多判断与政府研究中心前主任肯尼思·哈蒙德（Kenneth Hammond）饶有兴致地回忆起了临床心理医生对于米尔压倒性证据的抵制：

你可能会问，对于临床心理医生的直觉判断和预测（几乎）和规则一样好、但是（几乎）永远无法胜过规则的发现，临床心理医生为什么会感到愤怒？当我们知道自己出色的视觉感受力在某些情况下常常可以通过使用工具（比如测距仪、望远镜、显微镜）得到增强时，我们不会感到愤怒。答案似乎在于，工具是由职员（即没有接受过专业培训的人）使用的。如果心理医生也不例外，他们的地位就会受到影响。

从临床医师到职员的转变代表了一种整体趋势。一些正在发生的事情使自由裁量权从传统专家转移到了新一代超级数据分析师手中，因为后者是统计方程的控制者。

第六章　世界正在迅速数字化

我的侄子马蒂有一件T恤，正面印着"世界上有10种人……"当你看到这些文字时，如果你想知道这十种人是哪十种人，那么你已经将自己归入了其中一种人。

衬衫背面印着："懂得二进制和不懂二进制的人。"你知道，在数字化世界里，所有数字都是用0和1表示的。所以，我们所知道的数字2被计算机表示为10。这种向二进制比特的转变是超级数据分析革命的核心。

越来越多的信息被数字化，成为二进制比特。邮件变成了电子邮件。从医疗保健文件到房地产和法律文件，电子记录无处不在。在越来越多的例子中，我们不是首先使用纸质记录，然后手工输入信息，而是从一开始就以电子方式捕捉数据——比如刷信用卡或者在商店收银台扫描除臭剂。现在，大多数消费者的购买行为都会被记录成电子数据。

对于最初存在于纸张上的信息，廉价扫描技术正在解锁遥远和不太遥远的过去，将书中的智慧呈现在我们面前。我的连襟过去常常对我说："你不能在谷歌上搜索死去的树木。"他的意思是，你不能搜索书中的文本。现在，你可以了。只需支付很少的月费，你就可以在 Questia.com 上访问超过 6.7 万本书的全文。亚马逊的"书中搜索"功能允许互联网用户阅读超过 10 万本书的节选。谷歌正在做一件在范围和规模上与人类基因组工程类似的事情。人类基因组工程的目标是在 13 年时间里为 30 亿基因排序。谷歌的"图书搜索"同样雄心勃勃，试图在未来 10 年里扫描超过 3,000 万本书的全文。正如杰弗里·图宾（Jeffrey Toobin）在《纽约客》中所说："谷歌准备扫描人类出版过的所有图书。"

从 90 到 300 万

我本人经历了数字化数据可用性的提升过程。早在 1989 年，当我刚开始教书时，我让 6 个测试员前往芝加哥兰德新车经销店，以了解交易商是否歧视女性或少数群体。我对测试员进行了培训，让他们在为汽车讨价还价时使用同样的说法。对于销售员可能提出的任何问题，测试员都有相同的答案（包括"对不起，我不想回答"）。测试员拥有相同的谈吐和举止。除了种族和性别，他们在我能想到的每个维度上完全相同。半数测试员是白人男性，半数是女性或非裔美国人。和经典的公平住房测试类似，我想知道女性和少数族裔受到的对待是否与白人男性不同。

事实的确如此。白人女性需要支付的溢价比白人男性高 40%。黑人男性需要支付的溢价是白人男性的两倍多，而黑人女性需要支付的溢价是白人男性测试员的三倍多。我的测试员大部分由与他们相同种族和性别的销售员接待（他们会提供更糟糕的交易）。

这份研究报告在《哈佛法律评论》上发表以后产生了很大影响。《黄金时间直播》节目拍摄了三段不同视频，以测试汽车经销商以及其他门类零售店是否会以不同方式对待女性和少数族裔。在一些视频中，鞋店职员强迫黑人顾客长时间等待服务，尽管店里并没有其他顾客，这使许多人感到不安。更重要的是，在推动零售业取消讨价还价的过程中，我的研究起到了一定作用。

在我进行这项研究几年后，土星公司决定播出一则电视广告，以展示土星公司拒绝歧视的态度。这则广告完全由一系列黑白照片组成。在画外音中，一个非裔美国人回忆说，他的父亲购买了一辆汽车，但他在回家后感觉自己被销售员欺骗了。接着，讲述者说，也许这就是他成为土星销售员的原因。这则广告设计得非常巧妙。简单的照片画面上没有通常存在于汽车广告中的笑容。在一张令人悲伤的照片中，一个孩子意识到，他的父亲由于种族原因受到欺骗。在另一张泛黄的照片中，成年后的他一脸严肃但却非常骄傲地成为一名拒绝歧视的销售员。这则广告没有明确提及种族问题以及土星的不讲价政策——但是大部分观众都会知道，种族因素是这位父亲受到欺骗的核心原因。

真正重要的是，所有这些始于6名测试员在仅仅90家经销店的讨价还价。我后来又进行了一系列跟踪研究，分析了另外数百次交易的结果，但最初的喧嚣来自一项规模很小的研究。为什么它的规模这么小？我很难回忆起当时的情形，但那是互联网出现以前的时代。笔记本电脑几乎不存在，计算机昂贵而笨重。因此，我首先将所有数据记录在纸上，然后多次手工输入到计算机文件中，以进行分析。从技术上说，在当时，创建数字化数据非常困难。

千禧年以后，我仍然在分析种族和汽车数据。不过，现在的数据集合要大得多。过去5年，我帮助其他人在针对几乎所有大型汽车租赁商的大规模集体诉讼中进行了数据分析。在范德比尔特经济学家马克·科恩（Mark Cohen）的切实帮助下（他是大部分工作的实施者），我对超过300万次汽车交易进行了数据分析。

大多数消费者现在知道，汽车售价可以协商，但是许多人不知道，福特汽车信贷公司和通用汽车金融公司等汽车贷款商常常允许交易商提高借款人的利率。当汽车买家与经销商协商贷款时，经销商通常会把消费者的信用信息发送给潜在贷款商。接着，贷款商向经销商回复私人信息，指定"购买利率"——即贷款商能够接受的贷款利率。如果经销商能让消费者以更高的利率签下贷款，贷款商常常会向经销商支付报酬——有时是几千美元。例如，福特汽车信贷公司告诉经销商，它愿意以6%的利率向苏珊（Susan）贷款，但是如果经销商能让苏珊签下11%的贷款，它就会向经销商支付2,800美元。借款人永远不会知道经销商提高了贷款利率。经销商和贷款商会分享这种加成的预期收益，由经销商拿大头。

在我参与的一系列案件中，非裔美国人借款人对贷款人的加成政策提出了疑问，因为它们对少数族裔造成了不成比例的伤害。我和科恩发现，白人借款人为贷款支付的平均溢价大约是 300 美元。而黑人借款人支付的溢价几乎达到了 700 美元。另外，溢价的分布极不均衡。超过半数白人借款人没有支付任何溢价，因为他们拥有不允许提升贷款利率的资格。不过，通用汽车金融公司 10% 的借款人支付了超过 1000 美元溢价，10% 的日产买家支付了超过 1,600 美元溢价。在这些高溢价借款人中，黑人比例极高。非裔美国人只占通用汽车金融公司借款人的 8.5%，但却支付了 19.9% 的溢价。溢价差异完全与信用分数或违约风险无关，信用良好的少数族裔借款人需要支付的溢价常常高于具有类似信用分数的白人借款人。

我们之所以能够进行这些研究，是因为贷款商目前保留了每笔交易的详细电子记录。借款人的种族是他们没有跟踪的一个变量。不过，技术再次发挥了作用。14 个州（包括加利福尼亚）会有偿公开其驾照数据库中的信息——包括司机的姓名、种族和社保号码。由于贷款商数据库中也包含了借款人的社保号码（以便进行信用检验），因此你很容易将这两个不同数据库结合起来。实际上，由于许多人在州与州之间移动，因此科恩和我确认了发生在所有 50 个州的数千笔贷款的借款人种族。我们知道在堪萨斯买车的许多人的种族，因为他们在过去某个时候曾在加利福尼亚出示驾照。10 年前几乎无法完成的研究现在成为一件相对简单甚至轻而易举的事情。实际上，随着针对所有大型汽车贷款商的案件的推进，我和科恩在不断进行研究。这些案件取得了巨大成功：诸多贷款商同意为经销商可以任意标高的贷款价格施加限制。所有种族的借款人现在都会受到价格限制的保护，尽管他们甚至不知道这一点。和我最初对几百次讨价还价的测试不同，这些对于几百万笔交易的统计研究之所以能够实现，是因为现在的信息存放在易于访问的数字存储器中。

数据的商品化

各州愿意销售关于本州公民种族的信息，这只是数据商业化的一小部分。数字化数据已经成了一种商品。公共和私人卖家发现了聚合数据的价值。安客诚和选择点等以盈利为目的的数据库聚合商的业绩蒸蒸日上。成立于 1997 年的选择点公司已经收购了70 多家小型数据库公司。它向客户销售的文件中不仅包含你的信用报告，而且包含你的机动车记录、违规记录和财产记录，以及出生证明、死亡证明、结婚证和离婚证。虽然这些信息大部分已经得到公开，但选择点公司数十亿美元的年收益意味着一站式数据采购的确很有价值。

安客诚规模更大。它维护了美国几乎每个家庭的消费者信息。安客诚被称为"你从未听说过的规模最大的公司之一"，它管理着200亿顾客记录（超过850太字节原始数据——足以装满由10亿张软盘堆成的高达3,200千米的高塔）。

和选择点公司类似，安客诚的许多信息来自公共记录。不过，安客诚将公共普查数据和税收记录与作为安客诚客户的信用卡公司和其他公司提供的信息相结合。它是消费者数据集成领域的全球领导者。简而言之，安客诚很可能知道你所观看的电影和你所穿的鞋子，甚至可能知道你是否喜欢猫狗。安客诚为每个人分配了一个13位编号，将他们归入从"漂泊者"到"定居老人"的七种"生活方式"类别中。对安客诚来说，"流星"指的是36～45岁、已婚、没有孩子、早起跑步、观看《宋飞正传》重播并且去海外旅行的人。这些类别与人生阶段和触发事件（比如结婚）关系密切，几乎1/3的美国人每年都会转换类别。通过挖掘巨大的数据库，安客诚不仅知道你今天所在的类别，而且能够预测你明年可能归属的类别。

安客诚的崛起展示了商业化是如何提高各组织间信息流动性的。亚马逊和沃尔玛等大型零售商会直接销售顾客交易信息。想知道佳洁士牙膏放在货架上比较高的位置时销量如何吗？塔吉特会把答案卖给你。另外，安客诚还允许供应商进行信息交易。通过向安客诚提供关于每个消费者的交易信息，零售商可以访问规模惊人的数据库。

数据混搭

互联网有一句流行口号，叫作"信息渴望自由"。这意味着你很容易解放数字化数据，使之被多个用户使用。数据库决策的兴起源于他人信息可访问性的提升。直到不久前，许多数据集合并不容易链接在一起，即使它们属于同一家公司。如果同一家公司维护的两个不同数据集合拥有不兼容的格式，或者是由不同软件公司开发的，那么它们就很难链接在一起。许多数据被困在孤立的"数据井"之中。

这些技术兼容性限制现在正在消失。一种格式的数据文件很容易导入或导出成其他格式。标签系统允许单一变量拥有多个名称。所以，零售商的特大号服装可以同时表示成 XL 和 TG（特大号的法语缩写）。存储在不兼容专属格式中的数据无法相互链接的时代已经一去不复返了。

此外，我们还可以在网上获得许多非专属信息，将其融入现有数据集合中。"数据收集"已经成了一种常见做法，指的是为计算机设计程序，使之浏览一系列网站，然后将网上的信息系统性地复制到数据库中。一些人会进行恶意的数据收集——比如垃圾邮件发布者从网站上收集电子邮件地址，以创建邮寄列表。不过，许多网站愿意让其他人获取和使用他们的数据。寻找欺诈或会计舞弊的投资者可以从证交会季度文件中收集所有上市公司的信息。我曾用计算机程序收集 eBay 拍卖数据，以创建数据库，对棒球卡竞标进行研究。

许多程序员将谷歌地图的免费地理信息与包含地址信息的其他几乎所有数据集合结合在一起。通过这种数据"混合"，他们得到了惊人的地图画面，可以呈现犯罪热点、竞选分布、种族成分以及其他几乎任何事情。Zillow.com 将住房面积和其他街区特征等公共税收信息与最近的街区销售信息相结合，生成了带有住房预测价值的漂亮的地图。

"数据公用"运动建立了一些网站，供人们发布数据并将其与其他数据相链接。过去 10 年，分享数据集合正在日益成为学术界的规范。美国最好的经济学期刊《美国经济评论》要求研究人员将实证文章背后的所有数据集中发布到一个网站上。许多研究人员正在将数据集合发布到个人网页上。所以，只要在谷歌上输入几个词语，你大概就可以下载几乎任何实证文章的数据。（你可以在 www.law.yale.edu/ayres/ 上找到我的许多数据集合。）

安客诚和选择点等数据聚合商使寻找公开信息并将其整合到现有数据库中的做法成了一种艺术。联邦调查局拥有每座城市每年的汽车盗窃信息。好事达拥有特定城市特定年份使用多少防盗设备的信息。现在，不管最初的数字格式如何，将这两种信息链接在一起已经成了一件比较简单的任务。今天，即使没有将两种信息相匹配的独特的辨识属性，比如社保号码，你也可以将数据集合结合在一起。你可以寻找相似模式，进行间接匹配。例如，如果你想匹配两种不同数据库中的购房信息，你可以寻找同一座城市同一天发生的购房交易。

不过，间接匹配艺术很容易出现错误。后来被选择点公司收购的数据库技术公司在 2000 年佛罗里达大选前由于间接确认重罪犯而惹出了许多麻烦。佛罗里达州雇用这家名为数据库技术的公司，让它列出可能需要移出登记选民名单的人。该公司将登记选民数据库与佛罗里达以及美国其他各州宣判的重罪犯进行匹配。最直接、最保守的匹配方法是将选民的姓名和出生日期作为必要标识。不过，也许是在佛罗里达选举局的指导下，数据库技术公司撒下了范围更大的网，以寻找潜在罪犯。这种匹配算法只对登记选民姓名和罪犯姓名进行 90% 的匹配。在实践中，这意味着许多误报，即登记选民被错误认定为潜在罪犯。例如，塔拉哈西市登记选民小威利·D. 怀廷牧师（Rev. Willie D. Whiting, Jr.）最初被告知，由于比他晚两天出生的威利·J. 怀廷被判重罪，因此他无法投票。选举局还要求数据库技术公司对第一个名字进行"昵称匹配"，并对第一个名字和姓氏进行无序匹配——例如，黛博拉·安（Deborah Ann）将与安·黛博拉相匹配。

由于匹配要求并不严格，加上重罪犯的范围扩展到了美国各州，因此佛罗里达登记选民有多达 57,746 人被确认为重罪犯。巨大的误报数量只是其中的一个问题。另一个问题是，被移出选民名单的非裔美国人可能具有过高的比例。这很有可能，因为算法在种族方面过于严格，只有与罪犯种族完全匹配的选民才会被排除在投票名单之外。所以，虽然怀廷牧师可能与中间名字首字母缩写和出生日期不同的威利·J. 怀廷相匹配，但是具有相同名字和出生日期的白人选民并不会与之相匹配，因为罪犯怀廷是黑人。

今天，数据集合的混合和融合比过去任何时候都要容易。不过，数据库技术公司的罪犯名单是一个值得警惕的故事。新的合并技术可能出现有意或无意的错误。随着数据集合的规模膨胀到超乎想象的程度，我们更应该不断检查可能存在的错误。数据库技术公司的故事令人担忧的地方在于，同当代混合融合标准相比，罪犯和选民数据的匹配看上去非常糟糕。

技术还是方法？

各公司捕捉和融合数字信息的技术能力得以提升，这促进了数据的商品化。如果你能将数据轻松整合到你的现有数据库中，那么你更愿意购买这些数据。如果你认为某人随后会购买你的信息，那么你也更愿意捕捉信息。所以，各公司信息捕捉和融合能力的提升有助于回答"为什么是现在"的问题。

超级数据分析目前的迅猛发展主要源于技术进步，而不是统计方法的进步。它与统计预测艺术的全新突破无关。基本统计方法已经存在了几十年——甚至几百年。被 Offermatica 等公司充分使用的随机化试验多年前就被医学领域熟知和使用了。过去 50 年，计量经济学和统计理论有所进步，但核心的回归和随机化方法已经存在了很长时间。

另外，超级数据分析革命的时机并不完全是由计算机能力的指数级进步决定的。计算机的提速的确发挥了作用，但计算机的提速早在数据驱动型决策兴起很久以前就已经出现了。在过去，比如 20 世纪 80 年代以前，中央处理器是一个很大的限制因素。回归所需要的数学运算量随着变量数量的增长呈指数级增长——所以，如果控制变量的数量翻番，回归方程估计所需要的运算量大约要翻两番。[1] 20 世纪 40 年代，哈佛计算实验室雇用了几十个助理，他们用机械计算器手工计算每个回归方程背后的数字。当我 20 世纪 80 年代在麻省理工学研究生院读书时，中央处理器非常稀缺，研究生只能在上午的几个小时里运行程序。

受益于摩尔定律——处理器的能力每两年翻番——廉价中央处理器的匮乏并没有对超级数据分析造成严重阻碍。至少在 20 年前，计算机已经有了估计一些标准回归方程的计算力。

---

[1]　这里只是一种比喻。——译者注。

存储能力的提升对于超级数据分析当前的兴起时机产生了更大影响。我们正在朝着一个没有删除键的世界发展。摩尔定律很有名，但克莱德定律——由硬盘制造商希捷科技公司首席技术官马克·克莱德（Mark Kryder）首先提出的规律——对于超级数据分析目前的迅猛发展更加重要。克莱德成功注意到，硬盘的存储能力每两年翻一番。

自从 1956 年磁盘驱动器问世以来，大约每平方英寸空间可以记录的信息密度足足增长了 1 亿倍。每个超过 30 岁的人都还记得，我们过去经常为硬盘不够用而担忧。今天，廉价数据存储使巨大的数据库成为可能。

由于存储密度的增长，存储价格也在下降。每吉字节存储空间的成本正在以每年 30% 到 40% 的速度迅速下降。雅虎每天要捕捉超过 12 太字节的数据。一方面，这是极为庞大的信息量——大约相当于国会图书馆半数图书的信息量。另一方面，这些磁盘存储器既不需要占据几英亩的土地，也不需要花费几十亿美元的资金。实际上，你现在可以用大约 400 美元为你的台式机购买 1 太字节的硬盘。行业专家预计，在几年时间里，这个价格还会下降一半。

为个人计算机制造这些大容量硬盘的激烈竞争是由视频驱动的。TiVo 和其他数字录像机之所以能够改变家庭视频娱乐领域，是因为它们拥有足够大的存储空间。一太字节硬盘只能存放大约

八小时的高清电视节目（或者近 1.4 万张音乐专辑），但你可以在
里面存放大约 6,600 万页文本或数字。

存储密度的提升和价格的下降对于数据的传播非常重要。突
然之间，赫兹和联合包裹公司可以为每个员工配备一台手持设备，
用于捕捉和存储每笔交易数据，并且定期下载到服务器上。突然
之间，每辆汽车都配备了闪存驱动器，这种迷你黑匣子可以记录
事故发生时的情况。

从微型闪存（隐藏在苹果音乐播放器、电影摄像机、游泳镜
和生日卡片等事物内部）到谷歌和 flickr.com 的太字节服务器群，
超级廉价存储器的大量存在为数据挖掘开启了新的可能性。促使
超级数据分析最近迅猛发展的技术革命也在改变我们生活中的其
他许多方面。最能解释这种时机的就是使大型电子数据库的捕捉、
融合和存储变得更加便宜的数字突破。等待挖掘的（硬盘上的）
海量数据催生出了新一代实证主义者。

计算机可以像人类一样思考吗？

不过，有一种新的统计方法对于超级数据分析革命做出了重
要贡献。这就是"神经网络"。与行之有效的回归公式相比，神
经网络方程预测是另一种全新的方法。最初的神经网络是由学术
人员开发的，用于模拟人脑的学习过程。极为讽刺的是，上一章

介绍了许多研究，证明了人脑不适合预测。不过，神经网络试图使计算机像人类神经一样处理信息。人脑是神经元相互连接而成的网络，这些神经元就像信息开关一样。根据神经元开关的设置，当某个神经元收到脉冲时，它可能向另一组神经元发送脉冲，也可能不发送。思考是特定脉冲流通过神经开关网络的结果。当我们从一些经历中吸取教训时，我们的神经元开关会被重新设置，以便对不同类型的信息做出不同反应。当小孩子好奇地伸手触摸火炉时，他的神经元开关会被重新设置。当他下次看到火炉时，他就不会那么好奇了。

计算机神经网络背后的思想基本是相同的：我们可以让计算机根据新的或者不同的信息更新它的响应。在计算机中，数字"神经网络"是一系列相互连接的开关。和神经元类似，它们可以接收、评价和传输信息。每个开关是一个数学方程，可以接收和衡量多种类型的输入信息。如果方程对于输入的加权和足够大，开关就会打开，并且作为信息输入向随后的神经方程开关发送信息。网络最后面的开关收集前面神经开关的信息，它所生成的输出就是神经网络的预测。回归方法用于估计单一方程的权值，神经方法则是由一系列互连开关组成的方程系统。

经验会告诉人脑神经元何时打开，何时关闭。类似地，计算机用历史数据训练方程开关，让它们得到最优权值。例如，亚利桑那大学构造了一个神经网络，用于预测图森灰狗公园的灰狗比赛获胜者。他们输入来自数千份每日比赛记录的 50 多种信息——比如狗狗的身体特征和训练师，当然还有狗狗在特定条件下参与特定比赛的表现。与好奇儿童的随意预测类似，这些灰狗比赛方程的权值最初是随机设置的。之后，神经估计过程会反复对同样的历史数据尝试不同权值——有时尝试几百万次——以观察哪些权值可以让这些相互连接的方程得到最准确的估计。接着，研究人员用这种训练出来的权值预测未来 100 次赛狗结果。

研究人员甚至和 3 位混迹于赛狗场的专家进行了一次较量。在测试中，神经网络和专家需要为 100 只狗下 1 美元赌注。神经网络不仅更好地预测了获胜者，而且（更重要的是）网络预测得到的回报也要高得多。实际上，3 位专家的预测都没有得到正回报——表现最好的人损失了 60 美元——神经网络则赢了 125 美元。难怪其他许多赌客正在依赖神经网络预测（如果你搜索神经网络和打赌，你会搜到许多结果）。

你可能不知道这种方法有什么新奇之处。毕竟，之前的回归分析也在用历史数据预测结果。神经网络方法的不同之处在于其灵活性和微妙性。在传统回归中，超级数据分析师需要指定方程的具体形式。例如，为了生成更加有力的预测，超级数据分析师需要告诉机器，它需要用狗狗之前的胜率乘以狗狗在比赛中的平均排位。

对于神经网络，研究人员只需要输入原始信息。网络会在紧密互连的方程组中进行搜索，让数据选出最佳函数形式。我们不需要提前知道狗狗的不同身体特征是怎样使之成为优秀选手的，我们可以让神经训练告诉我们答案。不管是使用回归方法还是神经方法，超级数据分析师都需要指定预测的原始输入。不过，神经方法可以更加灵活地估计影响的性质。随着数据集合规模的增长，我们可以让神经网络去估计传统回归无法想象的大量参数。

不过，神经网络不是万能的，其权衡方案的微妙相互作用也是其最大的缺陷之一。由于单一输入可能影响多个中间级开关，而它们又会影响最终预测，因此我们常常无法知道某个输入是如何影响预测结果的。

不知道每个因素的影响意味着不知道神经权衡方案的精度。别忘了，回归不仅可以告诉你每个输入对于预测的影响，而且可以告诉你这种影响估计值的准确性。例如，在灰狗比赛中，回归方程不仅可以告诉你狗狗过去的胜率应该获得 0.47 的权值，而且可以告诉你这种预测的置信区间："真实权值位于 0.35 和 0.59 之间的可能性是 95%。"与之相比，神经网络不会告诉你置信区间。所以，虽然神经方法可以生成强大的预测，但你不太清楚为什么它很有效，或者它的预测有多大把握。

需要估计的权重参数的增加（神经网络的参数常常是回归预测的 3 倍）也会导致训练数据"过度拟合"[①]。如果你让网络用 100 项历史数据"训练"自己，以生成 100 个最佳权值，这个网络就

---

① "过度拟合"是指拟合的统计模型拥有过多的参数。

可以准确预测所有 100 个结果。不过，准确拟合历史数据并不能保证神经权值可以很好地预测未来结果。实际上，用大量随机权重准确拟合历史数据反而会影响神经网络预测未来的能力。神经超级数据分析师正在有意限制他们所估计的参数数量以及网络的训练时间，以减少此类过度拟合问题。

哪一部电影会赚钱？

说实话，神经预测方法还不成熟，神经预测的最佳估计还有许多需要完善的地方。我们现在还不清楚神经预测是否会取代回归预测，成为主要预测方法。不过，在一些现实背景中，神经预测在精度上并不输给回归预测。在一些情况下，它们甚至比传统回归还要好。

神经预测甚至已经开始影响好莱坞了。奥利·阿森费尔特在品尝波尔多年份酒之前就可以预测其价格。类似地，律师迪克·科帕肯（Dick Copaken）产生了一个大胆的想法，他想在电影开拍前预测其总收入。科帕肯出生于堪萨斯城，毕业于哈佛法学院，是卡温顿博林公司华盛顿办事处的合伙人，取得了杰出的成就。过去，他为法律客户分析数字。多年前，他让卢·哈里斯（Lou Harris）收集汽车保险杠损伤的感知数据。统计结果表明，大多数人甚至无法看到保险杠上的微小凹陷。因此，交通部允许制造商使用更加便宜的保险杠，这种保险杠可能出现最不易察觉的凹陷。

现在，迪克·科帕肯正在用神经网络为另一种完全不同的客户分析数字。在从法律行业退休后，科帕肯成立了埃帕戈吉克斯公司。公司的名字是科帕肯起的，用于表示亚里士多德的归纳学习思想。公司"训练"了一个神经网络，用于根据剧本特征等因素预测电影收入。埃帕戈吉克斯一直在幕后工作，因为它的大部分客户不想让世人知道他们在做什么。

不过，在《纽约客》2006 年的一篇文章中，马尔科姆·格拉德威尔（Malcolm Gladwell）泄露了秘密。格拉德威尔曾向一家大型电影工作室的顶级主管发表演讲，当时他首次听说了埃帕戈吉克斯。科帕肯告诉我，那是一种"隐修会，他们会没收每个人的黑莓和手机，把他们带到某个偏僻处所。在几天时间里，他们努力思考伟大的想法……他们通常会邀请当时的某位大师前来与他们交谈，帮助他们理清思路。那一年，他们请来了马尔科姆·格拉德威尔"。虽然格拉德威尔的工作是向主管们讲故事，但他调换了角色，请对方讲述改变下个世纪电影制作和观看方式的一些思想。"委员会主席开始向他讲述……这家从事神经网络项目的公司，他们的准确率极高，"科帕肯说，"接着，工作室主管插话进来，开始具体介绍我们为工作室进行的一次测试有多精确，尽管所有这些事情都应该保密。"

工作室主管正在吹嘘一项颠覆性实验的成果。在这项实验中，埃帕戈吉克斯被要求仅仅根据剧本预测九部电影的收入——此时明星和导演甚至还没有选定。这位总裁之所以如此激动，是因为神经方程在九部电影中准确预测了六部电影的盈利情况。对于一些电影，公式的预测收入与实际收入只差几百万美元。

6/9 并不完美，但工作室传统收入预测的准确率只有大约 1/3。当我和科帕肯交谈时，他毫不隐讳地谈论了这种差异的价值。"对于较大的工作室来说，如果他们既能获得我们的建议，又能遵循我们的建议，"他说，"每个工作室每年大概至少可以增加 10 亿美元净收入。"如果不这样做，这些工作室每年就会白白扔掉 10 亿美元。

一些工作室很快（悄悄地）理解了埃帕戈吉克斯的服务。这些工作室可以预测出花费数百万美元制作一部电影是否值得。过去，"射击火鸡"指的是制作一部烂片。当某人在埃帕戈吉克斯说"我们射击火鸡"时，他表达的是相反的含义，即他们在阻止烂片出现。

埃帕戈吉克斯的神经方程还可以让工作室知道如何提高电影的预期总收入。这些公式不仅可以告诉你应该改变什么，而且可以告诉你这种改变可能带来多少收入增长。"一次，他们向我们提供的剧本中包含了过多的拍摄地点，"科帕肯说，"根据模型，观众不会喜欢这样的电影。我们的预测是，如果只在一座城市进行拍摄，他们就可以提高收入，节省制作成本。"

埃帕戈吉克斯目前正在与一个团队合作，该团队每年制作大约三四部独立电影，其预算在 3,500 万到 5,000 万美元之间。埃帕戈吉克斯不是只对完整的剧本进行评估，而是从一开始就向对方提供帮助。"他们希望以同僚协作的方式与我们合作，"科帕肯解释道，"即我们直接与他们的编剧合作……以编写剧本，优化票房。"

要想实现盈利最大化，工作室还需要停止向明星支付天价酬劳。神经网络最令人吃惊的结论之一是，大多数电影可以用不太出名的（因而比较便宜的）演员获得同样多的收入。"我们的确考虑到了演员和导演，"科帕肯说，"结果，这项因素对于票房结果的总体权值小得惊人。"电影的地点安排非常重要，但明星和导演的名字则没有那么重要。"如果你观察历史上总收入最高的 200 部电影，"科帕肯说，"你会吃惊地发现，大多数电影的演员在电影发行时并不是明星。"

明星制度等旧有习惯很难消失。科帕肯说，工作室主管"仍然不接受"削减广告预算或改用普通演员的建议。神经方程显示，明星和广告带来的成本常常高于他们的收益。科帕肯指出："在《星球大战》出现以前，没有人真正了解哈里森·福特（Harrison Ford）。"

埃帕戈吉克斯无意伤害明星。实际上，企图心经纪公司愿意让埃帕戈吉克斯为它的客户服务。科帕肯在不久前的一个上午与该公司创始人之一、倔强的阿里·伊曼纽尔（Ari Emmanuel）见了面。阿里·伊曼纽尔显然是家庭影院频道电视剧《明星伙伴》中阿里·戈尔德（Ari Gold）的原型。"他开车带我前往几个大型工作室，与派拉蒙主管和环球主管见面，"科帕肯说，"在这个过程中，他绝对接了70通电话，来电者五花八门，有萨莎·拜伦·科恩（Sacha Baron Cohen），有马克·沃尔伯格（Mark Wahlberg），还有威尔·史密斯（Will Smith）的经纪人。企图心公司认为，埃帕戈吉克斯不仅可以帮助其客户决定是否出演某部电影，而且可以帮助他们判断应该事先领取报酬还是冒险参与票房分账。在埃帕戈吉克斯的世界里，一些明星的最终收入可能会减少，但精明的明星可以更好地设计合同。

不过，许多业内人士并不接受神经预测思想，这应该不会使你感到惊讶。一些人完全不会考虑通过统计学决定是否实施某个项目。科帕肯讲述了他带着两个对冲基金经理去见工作室主管的经历，那是一个不同寻常的故事。"这些对冲基金经理筹集了几十亿美元，"科帕肯解释道，"他们准备首先用5亿美元资助那些通过了我们的测试并且做过票房优化的电影。显然，如果试水成功，他们准备迅速扩大投入。所以，那次会面隐藏着巨大的融资机遇。"科帕肯认为，他至少可以用这些外部资金引起工作室的兴趣。

"不过，那次会面进行得不是很顺利，对方对于这种新的思维方式存在很大的抵触，"科帕肯说，"最后，一个对冲基金经理插话道：'好吧，让我问你一个问题。即使迪克这种系统在50次试验中全部成功，你也不会因此而改变电影的选择和制作方式吗？'对方说道：'是的，完全正确。即使他50次试验全部成功，我们也不会这样做……万一我们让股东的10亿美元打水漂了呢？那是股东的钱……如果我们改变工作方式，我们可能会站在许多人的对立面。我们可能不会受到邀请。我们的妻子不会受到宴会邀请。人们会对我们怒目而视。所以，为什么要改变良好的现状呢？'"

离开会议室时，科帕肯很气馁，但他在张望时发现，对冲基金经理们个个面露喜色。他问他们为什么这么高兴。他们告诉他："你不明白，迪克。我们通过发现市场上的细微缺陷获利。这些缺陷通常很不起眼，而且转瞬即逝，很快就会被市场效率所填补。不过，如果我们能够发现这些缺陷，并且为这些机遇投入大量资源，即使它们规模很小而且转瞬即逝，我们也能在市场效率消除这些机遇之前赚到许多钱。你刚刚在这里向我们展示的机遇是好莱坞的一条十车道柏油路。看起来，他们在故意以错误的方式工作，而且他们具有以错误方式工作的文化氛围和坚定承诺。因此，这对我们是一个极好的机遇，它比我们之前见过的其他机遇更加持久稳定。"

一些工作室的抵制使外来者可以参与进来，考察经过优化的剧本是否真的更加卖座。埃帕戈吉克斯也在为它所宣传的事情投入资金。科帕肯计划重新制作一部票房惨淡的电影。在神经网络的帮助下，他认为剧本的几处简单改动可以使总收入增长 22 倍。科帕肯已经找到了一位编剧，准备委托他对剧本做出这些改动。以大量数据为武器的哥伦比亚特区律师能否施展某种电影炼金术呢？让我们拭目以待。

电影编剧威廉·戈尔德曼（William Goldman）说过一句名言，那就是在挑选电影时，"对于哪些事情对票房有利或有害，我们所有人都一无所知——现在如此，未来也将如此"。这话也许适用于现在。即使经过多年试错，工作室经理们也很难为故事的各种成分赋予恰当的权重。和机器不同，这些经理可以从情感上体验一个故事，但是这种情感是一把双刃剑。从某种程度上说，埃帕戈吉克斯方程的相对成功来自它对不同因素的冷静权衡。

超级数据分析革命来临

对于技术和方法发展历程的梳理有助于解释为什么超级数据分析革命之前没有发生。不过，我们也应该提出相反的问题：为什么一些行业迟迟没有赶上潮流？为什么一些决策者抵触数据驱动型思维？

有时，超级数据分析的缺失不是源于拖延或毫无理由的抵制。

许多决策根本没有足够多的历史数据，无法进行任何统计检验，更不要说超级数据分析了。谷歌是否应该收购 YouTube？这种之前没有出现过的问题不太适合数据驱动型思维。超级数据分析需要分析重复决策的结果。即使有重复案例，我们有时也很难量化成功。法学院必须每年决定录取哪些申请者。我们拥有申请人的许多信息，还有关于往届学生及其后来职业生涯的大量数据。不过，这对于毕业后的成功有何意义？最显而易见的指标是收入，但它并不是一项很好的指标。政府或公共利益法律的领导者收入可能相对较低，但是他们仍然令我们自豪。如果你不能对目标进行量化，那么你就无法依赖数据驱动型决策。

不过，在许多领域，成功指标和许多历史数据正在等待挖掘。虽然数据驱动型决策正在社会各个领域兴起，但是仍然存在许多抵制的堡垒。对于许多堡垒来说，改变的时机已经成熟。

人们更愿意接受超级数据分析在其个人专业领域之外的应用，这几乎是一条铁律。传统非实证评估者甚至很难考虑到量化预测在其个人领域比他们更加出色的可能性。我想，这主要不是源于试图保住个人饭碗的赤裸裸的自私。作为人类，我们只是高估了自己做出良好预测的能力，不相信忽略大量信息的公式会比我们表现得更好。

那么，让我们把目光转向图书出版领域。超级数据分析能否帮助矮脚鸡（Bantam）及其母公司兰登书屋确定应该出版什么书？当然不能。图书出版是一项很高深的艺术，无法进行超级数据分析。不过，让我们从小处着手。还记得吗？我已经展示了随机化试验是怎样帮助我测试本书书名的。为什么回归不能帮助我们选择书名呢？实际上，Lulu.com 已经进行了这种回归。他们对于回归方程进行了估计，以帮助人们根据书名预测他们的书能否成为畅销书。

英国统计学家阿泰·温克勒（Atai Winkler）为《纽约时报》1955 年到 2004 年畅销书榜单榜首的每一部小说创建了数据集。他还添加了每位相同作者不太受欢迎的图书。接着，他用 700 多个书名进行了回归估计，以预测成为畅销书的可能性。这种回归可以检测 11 种不同属性的影响（书名是否具有 "The__of__" 的形式？书名是否包含人名或地名？是否始于动词？）

事实证明，形象的书名比平实的书名更容易畅销。书名的第一个词语是动词、代词还是感叹词也很重要。而且，和传统出版观点相反，较短的书名不一定更好：书名的长度不会对图书销量产生显著影响。总体来看，回归预测比随机猜测要好得多。"它的猜测正确率几乎达到了 70%，"温克勒说，"考虑到数据的性质和读者品味的变化，这已经很好了。"不过，温克勒并不想夸大其辞。"一本书能否登上畅销书榜单，在很大程度上取决于刚好出现在那个星期的其他图书，"温克勒说，"只有一本书能够成为畅销书。"

预测结果并不完美。在温克勒分析的所有书名中，阿加莎·克里斯蒂（Agatha Christie）的《沉睡的谋杀案》排在首位，但是根据模型的预测，《达芬奇密码》成为畅销书的概率只有 36%。

虽然这款网页应用程序存在缺陷，但它很有趣，而且有点令人欲罢不能。只要在 Lulu.com/titlescorer 上输入书名，这个小程序就会为你能够想到的任意书名给出成功率预测值。你甚至可以用"书名对决"功能让两个备选书名进行竞争。当然，这并不是在测试你的书能否成为畅销书。它是在根据书名测试简·斯迈利（Jane Smiley）那种人的书能否取得成功。不过，就算你的书从未在畅销书榜单上名列前茅，你难道不想知道你的书名会得多少分吗？（我做了测试。虽然《魔鬼统计学》是非虚构类图书，但它的成功概率预测值仍然达到了 56.8%。从 Lulu 之口，入上帝之耳。）

不过，为什么要止步于书名呢？为什么不能分析内容呢？

我的第一反应是，不，这永远行不通。你无法用程序判断一本书的内容好坏。不过，这也许只是抵制铁律的另一个案例而已。当某人说"你永远无法对我的工作进行量化"时，你就要当心了。

如果埃帕戈吉克斯的剧情分析可以预测电影票房，那么情节分析为什么不能帮助我们预测小说销量呢？实际上，小说应该更容易判断，因为它不会受到演员性格这一复合因素的影响，而且不存在拍摄技术问题。你所面对的仅仅是文本而已。你甚至可以将埃帕戈吉克斯分析电影剧本的标准作为出发点。成功的经济标准同样大量存在。尼尔森图书调查公司为用户提供大部分大型图书零售商的每周销售点数据。所以，大量销售数据正在等待分析。你可以试着根据书名以外的其他许多信息预测总销量，而不是仅仅根据书名粗糙地预测某本书在畅销榜单排名前列的概率。

不过，出版界没有人急于成为第一个公开通过数字分析选择图书或改进图书的人。我在很大程度上不相信非虚构图书可以用程序来判断，或者超级数据分析可以改进这本书的内容。不过，我已经对非虚构类出版领域的成功因素进行了一些数据挖掘。

作为法律教授，我的主要出版工作是撰写法律评论文章。衡量文章成功与否的核心标准是文章被其他教授引用的次数，尽管我不会因此而获得报酬。所以，在全职数字分析助理弗雷德·瓦尔（Fred Vars）的帮助下，我开始分析法律评论文章引用次数的影响因素。弗雷德和我收集了3家顶级法律评论期刊15年间发表的所有文章的引用信息。我们的核心统计公式有50多个变量。和埃帕戈吉克斯类似，我和弗雷德发现，一些看似无关紧要的事情其实非常重要。标题较短、脚注较少的文章被引用的次数明显更多，而包含方程或附录的文章被引用的次数则要少得多。较长的文章被引用的次数较多，但在回归公式的预测中，长达53页的文章平均每页的引用次数达到了峰值。（我们这些法律教授喜欢就法律问题长篇大论。）

希望提高引用率的法律评论编辑还应该回避犯罪和劳动方面

的法律文章，关注宪法法律。他们应该考虑更多地发表女性作者的文章。白人女性被引用的次数比白人男性多57%，少数族裔女性被引用的次数则是白人男性的两倍多。一篇文章的终极价值与作者的种族和性别无关。不过，回归结果显示，法律评论编辑应该考虑自己是否在无意中为女性和少数族裔作者设置了过高的门槛。这类作者的文章在发表后被引用的频率普遍高于平均水平。

法律评论编辑当然可能抵触上述许多建议。这不是因为他们傲慢（不过，请相信我，一些人的确很傲慢），而是因为他们是人类。

惊心动魄的未来图景

> 很久以前，我们知道
>
> 不管遇到何种问题
>
> 你只需使用合适的公式
>
> 这是傻瓜都知道的解决方案。
>
> —— "最简单"，蓝色少女（indigo girls）

我们并不想让明显不完整的僵化的方程告诉我如何行事。我们具有某种抗拒公式的天性。方程会限制我们的行动自由，就像罗伯特·弗罗斯特（Robert Frost）的墙壁一样。

不过，只要受到一点引导，我们就会发现，我们最优秀的一些评估可能会输给理性的证据。如果本书已经使你相信，我们人类不善于为各种预测因素分配权重，那么你就应该关注超级数据分析在你的工作和生活中可能起到帮助作用的领域。

退一步看，数据驱动型决策的技术限制正在全面消退。信息的数字化和存储能力意味着任何连接互联网的笔记本电脑现在都可以访问比亚历山大图书馆馆藏大上好几倍的图书馆。计算技术和执行计算的高速计算机当然必不可少，但回归和中央处理器很久以前就已经存在了。在这里，我认为数字化数据捕捉、融合和存储设备的进步与当前的潮流具有更加密切的关系。这些数据库技术的突破也促进了信息的商品化。数字化数据现在已经有了市场价值，而且正在融合成巨大的数据仓库。

我们没有理由认为数据库技术不会继续进步。克莱德定律没有终止的迹象。混合和融合技术正在自动化。未来的数据收集程序不仅可以在网上搜索新信息，而且可以自动寻找像罗塞塔石碑那样的对照元素，以便对不同数据集合中的内容进行匹配。超级数据分析技术日益强大的预测能力有助于将分散数据融合在一起。

我们还应该看到数字领域信息捕捉能力的持续进步——尤其是借由微型传感器的信息捕捉能力——这也许是最重要的。由于电子传感器的微型化，我们已经拥有了捕捉各种信息的能力。你很容易用手机购买汽水、确定主人的位置或者拍摄数字照片。之前从未有过如此众多的人随身携带着随时可以拍照的设备。

不过，在不太遥远的未来，纳米技术可能会促成"全面监控"

时代的到来。到那时，传感设备在我们的社会里将会变得更加普遍。零售商目前通过收银台扫描仪收集数据，以跟踪库存和销售。不过，由于纳米技术的发展，他们也许很快就会将小型传感器直接安装在产品里。纳米传感器可以跟踪你在使用某个产品之前的犹豫时间、你携带产品移动的距离以及你是否可能将这个产品和其他产品放在一起使用。当然，产品传感器需要得到消费者的首肯。不过，我们没有理由限制纳米传感器的应用范围，它完全可以嵌入到其他物品或服装里。我们可能会被"智能尘埃"包围，这些纳米传感器在特定环境中无处不在，并且可以自由流动。它们可能真的像尘埃一样，在微风中飘动。由于只有一立方毫米的体积，因此它们几乎无法探测。

信息全面数字化的前景既令人激动，又让人害怕。这可能是一个没有隐私的世界。实际上，我们已经看到了一些令人担忧的故事。佛罗里达的不良匹配差一点剥夺了数千名非裔美国选民的投票权。即使是埃帕戈吉克斯的故事也令人耿耿于怀。艺术难道不应该由艺术家决定吗？接受少数认知弱点、为创造性的发展保留更加人性化的环境不是更好吗？超级数据分析真的很好吗？

魔鬼统计学

Super Crunchers:
Why Thinking-By-Numbers is the New Way To Be Smart

第七章　我们找到乐趣了吗？

佛罗里达州萨拉索塔市艾玛·E.布克小学二年级教师桑德拉·凯·丹尼尔（Sandra Kay Daniel）坐在大约 12 名二年级学生面前。她是一个有着家庭主妇气质的中年非裔美国女性，说话声音威严而令人振奋。

把书翻到 153 页第 60 课。我数三个数。一……二……三。每个人都应该翻到 153 页了。如果黄纸令你感到困扰，请把它丢掉。谢谢。每个人把手指放在故事标题下面。准备阅读标题……快……速……阅……读。我们等一下某个人。谢谢。手指放在故事标题下面。开始！

全班同学（异口同声):《宠物山羊》。

是的。《宠物山羊》。手指放在故事第一个词语下面。准备快速阅读故事。开始！

全班同学开始异口同声地阅读故事。当他们阅读时，教师用教鞭敲打黑板，打出平稳的节奏。每敲打一下，学生就读出一个词语。

全班同学（伴随着打点）：一个女孩得到了一只宠物山羊。

继续。

全班同学（伴随着打点）：她喜欢和宠物山羊一起跑步。

继续。

全班同学（伴随着打点）：她和她的……

再试一次。从这句话的开头开始准备。开始！

全班同学（伴随着打点）：她和她的山羊在家里玩。

继续。

全班同学（伴随着打点）：山羊吃罐头和甘蔗。

继续。

全班同学（伴随着打点）：一天，她的父亲说，那只山羊必须走人。

"说"字后面是什么？

全班同学（异口同声）：逗号。

这个逗号表示什么？

全班同学：放慢速度。

让我们再次阅读这个句子。开始！

全班同学（伴随着打点）：一天，她的父亲说（停顿），那只山羊必须走人。

继续。

全班同学（伴随着打点）：它吃得太多了。

继续。

全班同学（伴随着打点）：女孩说，如果你让山羊留在我们身边，我保证它不会吃掉那些东西。

很好，声音响亮清晰。继续。

全班同学（伴随着打点）：她的父亲说，他会试一试。

继续。

全班同学（伴随着打点）：但是有一天，一个偷车贼来到了女孩家。

继续。

全班同学（伴随着打点）：他看到房子里有一辆红色大汽车，说，我要偷走这辆汽车。

继续。

全班同学（伴随着打点）：他跑到车前，开始开门。

继续。

全班同学（伴随着打点）：女孩和山羊在后院玩耍。

继续。

全班同学（伴随着打点）：他们没有看到偷车贼。未完待续。

未完待续？真是令人期待。山羊会阻止偷车贼吗？父亲会忍无可忍，把山羊赶走吗？

我们无数人见过丹尼尔女士的课堂。不过，在视频中，我们关注的不是老师和学生，而是当天的一位特别访客。这位静静坐在丹尼尔女士身边的特别访客就是乔治·W.布什总统。

在迈克尔·摩尔（Michael Moore）的《华氏 9·11》中，这段授课视频是一个核心场景。就在丹尼尔女士请学生"把书翻到第60课"时，总统参谋长安德鲁·卡德（Andrew Card）走过来，对布什耳语道："第二架飞机撞击了第二座大厦。美国受到了袭击。"

摩尔的目的是批评布什没有更多地关注课堂外面发生的事情。不过，丹尼尔女士课堂上发生的事情与最激烈的中小学教育方式争议之一有关。布什之所以带着记者前来拜访，是因为丹尼尔女士正在使用一种存在争议但却非常有效的教学方法，叫作"直接教学法"。

从本质上说，与围绕循证医学的斗争类似，围绕是否使用直接教学法的争议是一场关于是否遵从超级数据分析结果的斗争。我们是否愿意遵循我们不喜欢，但却被统计检验证明有效的方法？

直接教学法要求教师遵循脚本。每节课的完整内容——包括指示（"把手指放在第一个词语下面"）、提问（"逗号表示什么"）以及督促（"继续"）——都写在教师的教学手册里，其核心理念是强迫教师以足够小的、容易理解的概念呈现信息，确保信息得到理解。

每个学生每分钟被要求做出多达十次回复。教师如何做到这一点？诀窍在于保持快节奏，让学生统一做出回答。脚本要求学生做好回答准备。在教师发出信号后，全班同学需要同时做出回答。每个学生需要为几乎每个问题做好回答准备。

直接教学法还要求将学生分成五到十人的相对较小的小组，每组学生具有类似的能力水平。由于每个小组人数较少，因此学生很难滥竽充数。如果教师担心某人没有跟上，他也可以随时要求单个学生做出响应。

直接教学法课堂的快速提问和回答是一种既有挑战性又令人疲惫的经历。作为法律教授，我觉得这是一种疯狂的苏格拉底方法。大多数小学生每天只能在几个小时的时间里随时处于待命状态。

直接教学法是西格弗里德·奇格·恩格尔曼（Siegfried "Zig" Engelmann）的创意。恩格尔曼20世纪60年代开始在伊利诺伊大学研究阅读的最佳教育方式。他写了1,000多本与《宠物山羊》类似的小书。恩格尔曼现在70多岁，是一位和善清爽、直言不讳的学者。几十年来，他一直在对抗教育界的大人物。

瑞士发展心理学家让·皮亚杰（Jean Piaget）的追随者支持以儿童为中心的教育方法，这种方法根据每个学生的愿望和兴趣设置课程。麻省理工学院语言学家和博学大师诺姆·乔姆斯基（Noam Chomsky）的追随者倡导语言教育的全语言模式。全语言模式不是将阅读分解成有限的信息碎片，以便让孩子掌握特定语音能力，而是以全面沉浸的方式让学生倾听并最终阅读完整的句子。

恩格尔曼明确反对以儿童为中心的模式和全语言模式。他不像乔姆斯基和皮亚杰那样有名，但他有一样秘密武器——数据。超级数据分析不会逐条规定奇格的脚本中应该包含哪些内容，但它可以在后端告诉奇格哪些策略有助于学生的学习。恩格尔曼指责教育政策，认为它们是自上而下的哲学探讨产物，没有自下而上地关注哪些方法真正有效。"决策者之所以选择一项计划，不是因为他们知道这项计划有效，"恩格尔曼说，"而是因为它与他们所认为的儿童应该做的事情相符。"在恩格尔曼看来，大多数教育者似乎"更加关注关于儿童的理想化观念"，而不是"实践的真实细节以及真正有效的事情"。

恩格尔曼是一个彻头彻尾的实用主义者。他在 20 多岁时做过广告经理，曾研究让人们记住一则广告所需要的重复频率。当他将注意力转向教育领域时，他仍然在不断提出"这是否有效"的问题。

直接教学法的有效证据出现在 1967 年。向贫困宣战的林登·约翰逊（Lyndon Johnson）希望将正在消失的起步优势"保持下来"。注意到"贫困儿童在学校的表现往往不好"，教育部和经济机会办公室希望知道哪种教育模式最有利于打破这种恶性循环。"跟踪到底项目"由此诞生。这个雄心勃勃的项目花费了超过 6 亿美元资金，在 20 年时间里研究了 180 个低收入社区的 7.9 万儿童。当你拥有这种持续支持时，超级数据分析要容易得多。这是当时规模最大的教育研究。"跟踪到底项目"考察了 70 种不同教育方法的影响，其中既有详细制定教案的直接教学法等模式，又有由学生自主选择学习内容和方式的无结构模式。直接教学法等模式强调词汇和算术等基本技能的获取，有些模式强调高级思维和解决问题的能力，还有些模式强调积极的学习态度和自尊。"跟踪到底项目"的设计者不仅希望知道每种模式在其特定关注领域的效果如何，而且希望知道哪种模式培养学生技能的整体效果最好。

直接教学法轻松获胜。教育作家理查德·纳德勒（Richard Nadler）是这样总结的："测试结束时，直接教学法班级的学生在阅读、数学、拼写和语言方面排名第一。其他所有模式都被甩得很远。"直接教学法的优势不仅仅在于基本能力的获取。用这种方法教育出来的学生更容易回答需要高级思维的问题。例如，在根据上下文判断陌生词语的含义时，这些学生表现得更好。他们在涉及数学和视觉模式的填空问题中也可以找到最合适的选项。即使是在提高学生自尊方面，直接教学法也优于一些以儿童为中心的方法。这尤其令人吃惊，因为儿童中心式教学的核心目标就是让儿童参与进来，让他们成为教育的主人，以提高他们的自尊。

美国教师联合会和美国研究院最近的研究回顾了 24 项"全校"改革，再次发现直接教学模式拥有最强的实证支持。1998 年，美国教师联合会将直接教学法列入 6 项"有望提高学生成绩的计划"中。研究发现，得到良好实施的直接教学法取得了"惊人的结果"，实验组学生在各个学术维度上都超过了对照组学生。2006

年，美国研究院将直接教学法评为 20 多项综合学校改革计划的前两项之一。直接教学法在阅读和数学上再次胜过了传统教育计划。

"传统主义者对此深恶痛绝，"恩格尔曼说，"但是从数据来看，我们彻底战胜了他们。"

事情还不止于此。直接教学法尤其适用于阅读能力低于年级水平的孩子。直接教学法对于贫困学生和少数族裔学生效果很好。而且，直接教学法可以进行相应扩展，这也许是最重要的。它的成功并不取决于某个超级教师的个人能力。直接教学课堂完全遵循脚本。即使你不是天才，你也可以成为有效的直接教学法教师。直接教学法可以由普通教师在无数班级实施。你只需要遵循脚本就可以了。

如果你们学校的三年级学生每年都在阅读一年级水平的课文，他们就会面对巨大的掉队风险。直接教学法为他们带来了回归正常水平的现实解决方案。如果学校从幼儿园第一天开始采用直接教学法，孩子们就不太可能输在起跑线上。

想象一下吧。恩格尔曼有一项帮助后进学生的计划，这项计划经过了验证，可以迅速复制。你可能认为，它会受到各个学校的热烈追捧。

老师是什么？花瓶吗？

直接教学法遭到了一线教育工作者的强烈反对。他们批评说，脚本让教师变成了机器人，使教育变得"与教师无关"。

你能指责他们的抵制态度吗？你是否愿意在工作日的大部分时间里遵循脚本，重复令人厌烦的鼓励和纠正语言？大多数教师认为，自己应该拥有创造性。在许多电影中，教师会用不同寻常的独特技巧教育孩子（想想《吾爱吾师》《为人师表》《弦动我心》《生命因你动听》）。没有人会制作关于直接教学法的激动人心的电视剧。

恩格尔曼承认教师的抵制是一个问题。"教师最初认为这很可怕，"他说，"他们认为这是一种限制。它与教师接受的一切教育相抵触。不过，在几个月的时间里，他们就意识到，他们可以让孩子学会他们之前试图让孩子学会但是没有成功的事情。"

1996年，直接教学法被引入阿伦德尔小学，引发了一次小规模分裂。阿伦德尔小学位于巴尔的摩市落后的樱桃山街区。它被公房项目和公寓大楼包围。96%的学生达到了可以接受联邦补贴午餐的贫困程度。当阿伦德尔实行直接教学法时，一些教师对于脚本非常失望，因此转到了其他学校。不过，留下来的教师接受了这种制度。马修·卡彭特（Matthew Carpenter）对《教育周刊》记者说："我喜欢这种结构。我认为它对这群孩子有好处。"

本书的大部分读者大概都无法忍受持续遵循脚本的工作。不过，看到学生的进步仍然是一种乐趣。一位公立学校教师向我透露，她的一些同事喜欢这种模式的原因很简单：他们"无须备课"。没错，在直接教学法中，教师无须每天为自己的班级制订教学计划，他们只需走进教室，翻开书，读出书中的台词："早上好，同学们……"

恩格尔曼的网站明确而又比较委婉地强调，直接教学法减少了教师的自由裁量权。直接教学法网站上写道："人们通常重视的教师创造性和自主性必须让位于遵循某些仔细编排的教学实践的意愿。"恩格尔曼说得更加直白："我们并不关心教师的想法和感受。教师私下里可能会怨恨直接教学法。但是，只要他们实施这种方法，我们对此并不在意。"

帝国的反击

恩格尔曼还面对着学术机构的抵制。教育圈的大多数人都在反对直接教学法。他们不理会数据，声称直接教学法无法传授高级思维，抑制了学生的创造性，与发展性实践不符。

反对者称，直接教学法的死板方法不利于学生的学习，只会使他们对于编排好的问题机械地重复固定答案。他们说，学生会记住他们所预期的问题的答案，但他们不容易将这种基础知识应用于新的场合。直接教学法的批评者担心，这种包含枯燥训练和重复的结构化模式会扼杀学生和教师的创造性。他们说，这种方法将学生看作机器人，几乎没有留下个人思考空间。不过，这些批评忽略了一个得到标准考试证据支持的可能性，即直接教学法使学生获得了更强的基本能力，以及建立和发展创造性的更大潜力。佛罗里达市布劳沃德县采用直接教学法的教师在采访中表示："这种模式带来了更大的创造性，因为我们有一个可以创新的框架。"他还说，当学生在直接教学法的帮助下掌握了必要技能时，课堂创新和实验变得更加容易。

最后，为了诋毁直接教学法，批评者声称，直接教学法会导致反社会行为。在公开会议上，每当话题转到直接教学法时，一定会有人指出，根据密歇根的一项研究，用直接教学法教育出来的学生更容易在青春期被逮捕。他们说，这就是直接教学法存在危险的证据。问题是，这项随机化研究依据的仅仅是 68 个学生的经历。而且，直接教学法小组和对照小组的学生并不相似。

说到底，密歇根的这项研究只是一种粉饰。不管证据如何，教育机构只关注自己喜爱的理论。教育理论家和"全员成功"教学模式的提出者罗伯特·斯莱文（Robert Slavin）是这样说的："不管是否存在研究，许多学校都会说，这个项目与他们的理念不合。"对于教育界的许多人来说，理念比结果更重要。

不过，布什政府渴望做出改变。2001 年的《不让一个孩子掉队》法律规定，只有"基于科学的"教育计划才有资格获得联邦资助。在这部法律的文本中，"基于科学的研究"出现了100多次。"基于科学的"研究是指"依据观察和实验""包含足以检验相关假设的严格数据分析"的研究。这是所有超级数据分析师梦寐以求的事情。他们终于迎来公平的竞争，效果最好的教育模式将在竞争中获胜。

布什的教育顾问非常重视这项要求。教育部首先做出表率，用50多亿美元资助随机化测试以及评估当前"有效"方法的循证文献综述。就像《华氏9·11》展示的那样，布什亲自考察了直接教学法的有效性。

虽然国家要求各州采用基于科学的方法，但是在基层，教育环境并没有发生太大变化。现在，许多州级教育委员会要求课本和教材中包含各种元素，其中每种元素都要有科学依据。将语音意识与阅读、写作全面体验融合在一起的"均衡读写"模式正在抬头。加利福尼亚要求初级阅读材料必须体现出许多不同特征。

《不让一个孩子掉队》法律要求采用"基于科学的"方法，但这反而导致许多州将直接教学法排除在核准清单之外，因为直接教学法不包含整体元素。这很讽刺。没有一项可靠的研究证据表明"均衡学习"材料和直接教学法一样好，但是许多州仍然禁止当地学校将直接教学法作为备选方案。目前，作为最古老、最经得起验证的计划，直接教学法在小学市场上的份额将将超过1%。

随着《不让一个孩子掉队》的实证要求得到更加充分的理解，这个比例能否上升？我要借用《宠物山羊》中不朽的文字："让我们拭目以待吧。"

地位之争

恩格尔曼与教育界相互斗争的故事再次引出了本书的核心主题。我们看到，直觉、个人经验和理念倾向正在向数字的蛮力宣战。在几十年时间里，恩格尔曼一直站在超级数据分析师阵营的前沿。"如果你想在教育上保持明智，那么直觉可能是你最可怕的敌人，"恩格尔曼说，"你需要观察孩子们的表现。"

从某种程度上说，这种教育斗争是一种权力斗争。教育机构和一线教师希望将课堂上的权威保持在自己手中。恩格尔曼和"基于科学的"研究要求对于这种权力产生了直接威胁。任课教师意识到，他们的自由和创新自主权受到了威胁。在直接教学模式下，掌控局面的是奇格，设置算法的是奇格，测试最佳脚本的也是奇格。

这件事不仅与教师的权力和自主权有关。地位和权力常常是相伴而生的。超级数据分析的兴起威胁到了许多传统工作的地位和尊严。

以卑微的信贷员为例。过去，银行信贷员是地位比较高的职位。信贷员薪水丰厚，有权决定谁有资格获得贷款。绝大多数信贷员是白人男性。

今天，贷款决策是中央办公室根据统计算法结果制定的。银行开始认识到，向信贷员提供自由裁量权并不划算。这不仅是因为他们会用这种自由裁量权帮助朋友，或者有意或无意地歧视少数群体。实际上，当面观察客户并与之建立良好关系无助于预测客户能否偿还贷款。

失去自由裁量权的银行信贷员转为仅保留一些光环的助理。他们只需要输入申请者的数据并点击发送。不出所料，他们的地位和薪水迅速下降（白人男性也变得很少了）。在教育领域，直觉主义者和超级数据分析师的斗争还在持续，但在消费借贷领域，斗争早已结束了。

遵循其他人的脚本或算法也许不是最有趣的工作，但它常常会带来更有效的商业模式。在我们生活的这个时代，自由裁量权的下放正在减少。自由裁量权并没有消失，它只是从一线员工转移到了更加核心的高层超级数据分析师手中。一线员工越来越觉得自己像"盆栽植物"一样，需要按照脚本工作。从超级数据分析的视角看，马克思很有先见之明，他认为资本主义的发展会使工人和他们的工作成果日益疏远。

这些算法驱动型脚本对于外包运动也起到了一定作用。当一线员工失去自由裁量权时，他们就不需要之前那些技能了。经过提前测试的脚本可以用来引导顾客解决服务问题，推销相关产品，这种方式比较节省成本——如果让第三世界客服中心的人阅读这些脚本，成本就更低了。某些使用直觉和经验的推销员完全可能取得出色的表现，但是如果你的业务是大规模销售相对同质化的产品，你就可以让员工遵循经过检验的脚本，其效果会好很多。

自由裁量权和地位从传统专家向数据库预言家的转移同样发生在医疗领域。医生反映，病人现在常常将他们仅仅看作备选信息源。病人会说："让我看一看研究报告。"他们希望看到证明对于三期肺癌患者化疗比放疗更加有利的研究报告。精明的患者不是把医生看作 20 世纪 70 年代的电视名人马库斯·威尔比（Marcus Welby），而是把他们看作门户网站的替代选项。医生成了一种信息渠道。

循证医学的兴起正在改变医生这一词语的含义。加拿大内科医生凯文·帕特森（Kevin Patterson）哀叹道："这一信号意味着我们的医学时代是一个失去英雄光环的时代。"

"所以，战士正在被会计取代，"帕特森说，"会计知道，全世界都认为他们的生活是灰色的——他们的地位由于加减法而变得卑微。医生过去并不这样看待自己。不过，在数字具有重要意义的现实世界中，会计知道他们有多强大。"

医生的地位正在下降。人们不再重视仅仅发布信息的医学博士，他们把目光转向那些创建数据库以发现信息的哲学博士。为了获得哲学博士学位，理工科研究生需要在论文中创建信息，但医科学生只需要记住其他人的信息（包括如何实施某些程序）。未来某一天，在信息为王的世界里，我们可能会问："你是博士还是医生？"

这一天也可能不会到来。权力不一定会带来尊严。社会习惯于尊重神圣的直觉主义者。他们可以追捧爱因斯坦（Einstein）和萨尔克（Salk）这样的理论天才，但他们很难尊重那些分析数字的"会计"，后者只会告诉我们化疗对癌症的有效率是37.8%。在电影《遇见波莉》中，本·斯蒂勒（Ben Stiller）是个典型的精算分析师。他不敢吃酒吧里的花生，因为"平均只有六分之一的人上厕所时洗手"。他饰演的角色过着平淡、拘谨、没有激情的生活。他也许拥有力量，但他无法获得我们的尊敬。力量和自由裁量权显然正在从外围向超级数据分析中心转移，但这并不意味着超级数据分析师在约会时会游刃有余。

你会购买超级数据分析师的二手车吗？

即使在数字分析可以提高建议质量的领域，这种分析也会意外地削弱公众的信心。在人们具有英雄色彩的观念中，专家会给出最终答案。与之相比，人们往往认为统计数字具有完美的可塑性，可以受到操纵。（想一想"谎言、该死的谎言和统计量"

的警告。)

这是一个更加精确但却缺少确定性的世界。经典概率概念是绝对的。对经典主义者来说，我现在患有前列腺癌的概率要么是零，要么是百分之百。不过，我们现在都成了概率主义者。专家过去常常说"是"或"不是"。现在，我们需要在表述中使用估计和概率。

因此，超级数据分析不仅影响了雇员，也影响了消费者和顾客。作为患者，我们要求看到研究报告。作为学生，我们被迫进行快速学习。作为顾客，我们面对的推销员在阅读经过统计验证的（外包）脚本。

许多超级数据分析故事对消费者有利。Offermatica可以弄清哪些网站效果最好，因此有助于改进你的上网体验。拜超级数据分析所赐，我们现在知道，和财务激励相比，定向就业援助可以更加有效地让失业工人回归工作岗位。医生也许不喜欢地位和权力的下降，但是归根结底，医学的目的是挽救生命，而科学家的数据库分析为许多严重医疗风险指明了改进方向。

超级数据分析策略正在取得胜利，取代直觉和基于经验的专业知识，因为超级数据分析可以提高公司的基本收益——而这往往是通过改进消费者体验实现的。能够预测你想买什么的卖家可以让你的生活变得更轻松。不管是亚马逊的"购买该商品的顾客还购买了……"功能，还是第一资本经过验证的推销，或者谷歌经过大量分析的邮箱广告，面向消费者的服务质量都在进步。一些统计软件甚至可以告诉你不应该买什么。在线食杂店皮波德会向你发出提示问题"你真的想买 12 个柠檬吗"，因为他们知道这不太常见，希望提早发现错误，让你获得快乐的购物体验。

好莱坞的破坏者

虽然超级数据分析拥有这些优点，但是人们一直在担心对于产品特征的超级数据分析会导致令人痛苦的均一性。直接教学法教师和第一资本销售代表遵循脚本的表演不只是在折磨员工，它也会折磨受众。埃帕戈吉克斯对电影剧本的干预更加令人担忧。

你可以将埃帕戈吉克斯对于电影业的干预看作艺术的死亡。一位好莱坞名人最近对埃帕戈吉克斯主管说："你知道，我非常讨厌你。"科帕肯告诉我："他不断将我称为吉姆·琼斯（Jim Jones），说他想让我去喝酷爱饮料。"在我们生活的这个时代，编剧已经开始根据统计公式编写剧本了。对不起，艾沃里先生（Mr. Ivory），如果你想让我们制作电影，你的英雄就需要一个伙伴。

这是一幅关于未来的可怕画面——艺术家被数据分析师束缚了手脚。不过，这种担忧忽略了其他已经存在的限制。商业化的列车很久以前就驶出了车站。为了增加销量，电影工作室几十年来一直在干预艺术家的想法。

最大的问题不是工作室的干预，而是他们干预得不够好。使我更加担忧的是，一些工作室经理仅仅根据直觉和经验行使审核权力，就像我只会依据公式一样。埃帕戈吉克斯与其说是代表了权力从艺术家向数据分析师的转移，不如说是代表了权力从过度自信的工作室领导向那些更加可靠的干预者的转移。科帕肯最近向一位权威制作人表示，神经预测可能更加客观，因为它们不需要担心伤害明星的自尊。制作人回应道："我和任何计算机一样客观。"科帕肯认为，这位制作人"在行业里的责任和机遇可能会对他的潜意识产生影响，而埃帕戈吉克斯则不会受到这种影响"。

艺术目标和商业目标之间总是存在无法最终解决的合理冲突。不过，错误的干预是一种悲剧，这是毋庸置疑的。如果工作室以盈利之名改变编剧的想法，它应该确保这种干预是正确的。埃帕戈吉克斯正在让我们朝着循证干预的方向前进。

这也是一种以任人唯贤为目标的改变。好莱坞明星编剧体制为那些写出过热门电影的编剧赋予了过高的权重。新人作品甚至很难获得审阅的机会。埃帕戈吉克斯对于这种竞争进行了民主化改革。不管你是不是"得到证明的"编剧，只要你的剧本在预测图表上表现出色，它的上映机会就会变得很大。就连一些成功的编剧也接受了埃帕戈吉克斯的方法。迪克·科帕肯告诉我，一位著名编剧向埃帕戈吉克斯寻求帮助，因为他想转型做导演。"他认为，获得导演工作的最佳途径就是写出非常成功的剧本。"科帕肯说。

但是，哦，不要忘了人性。想一想这个基于公式的全新电影时代所带来的致命的单调性吧，批评者抗议道。和之前一样，这种担忧忽略了电影界目前存在的商业同质化压力。埃帕戈吉克斯的公式并没有制造出公式电影这一概念。埃帕戈吉克斯的电影世界完全有可能表现出比当前市场更大的多样性。

埃帕戈吉克斯没有使用单一的固定公式。它的神经网络考虑到了几百个变量，它们对收入预测的影响具有很大的相互依赖性。此外，神经网络还在不断进行自我训练。当然，工作室里那些依靠经验的专家也在进行自我训练。不过，这种竞争正好可以体现出人类应该失去的确切权重。工作室专家更依赖倾向于简单的经验规则，这会导致更大的单调性。

埃帕戈吉克斯的财务成功可以促成更多实验。如果神经网络的确可以帮助工作室将打击率从 0.300 提升到 0.600，工作室也许可以更加自由地选择风险较大或不同寻常的项目。盈利性提升带来的额外资金可能会为工作室提供更大的实验空间。虽然埃帕戈吉克斯相比于专家预测模式是一种巨大进步，但是它的预测仍然受到历史数据的限制。未来的超级数据分析工作室还可以通过实验制造出属于自己的新数据。

对艺术进行超级数据分析似乎很奇怪，但它也为消费者赋予了力量。埃帕戈吉克斯的神经网络正在帮助工作室预测消费者喜欢哪些电影特征。因此，它代表了权力从艺术家和商家向观众和消费者的转移。从这个视角看，埃帕戈吉克斯体现了超级数据分析提高消费质量的大趋势。质量和美丽需要得到受众承认，超级数据分析可以帮助消费者与他们眼中的优质产品和服务相匹配。

提防超级数据分析者的赠礼

每个人都喜欢赠品——你知道，就是商家向最佳客户提供的小礼物。不过，当商家对我们的态度比其他顾客好时，我们应该保持警惕。在超级数据分析的世界里，商家的促销行为并不是随机的。当亚马逊突然向你寄来精美的书桌饰品时，你的第一反应应该是"啊，我买书花的钱太多了"。

当公司对质量进行超级数据分析时，他们往往会帮助消费者。不过，当公司对价格进行超级数据分析时，你应该捂紧钱包。客户关系管理的阴暗面是，公司试图弄清在留住你的前提下可以从你身上榨取多少钱。过去，公司简单的定价机制使我们摆脱了许多这类陷阱。

现在，越来越多的公司想要预测顾客的"痛点"。他们更加清楚每个消费者愿意承受并且下次还会光顾的价格点。越来越多的食杂店开始计算顾客的痛点。如果本地小超市向购买相同花生酱的顾客收取不同价格的行为被曝光，这将成为一件丑闻。不过，没有什么能够阻止他们根据每个顾客产生购买意愿的最低门槛设置不同的折扣价。当他们在收银台扫描完你的所有信息时（包括积分卡中的信息），他们会打印出为你量身定制的折扣券，其价格只适用于你。这种新的预测艺术荒诞地印证了克林顿的名言"我能感受到你的痛苦"。他们的确能感受到你的痛苦，但他们将其视作一种快乐，因为你所支付的高价会为他们带来收益。

在超级数据分析的世界里，你很难让自己支付的价格与其他消费者保持一致。过去，如果许多价格敏感型买家光顾一家商店，那么你可以放心地在这里消费。现在，情况不同了。精明的数据分析师可以在几纳秒的时间里对你做出判断，然后说："对你来说，价格是……"这是一种新的消费陷阱。消费者需要进行更多调查，以确保自己支付的价格是合理的。消费者需要进行属于自己的数字分析，创建和比较（考虑到质量因素的）竞品价格数据集。对于像我这样天生缺乏商业头脑的人来说，这是一幅可怕的未来图景。不过，促使卖家进行分析的数字化革命同样有利于买方的分析。Farecast.com、E-loan、Priceline 和 Realrate.com 等公司允许顾客更方便地进行比价购物。实际上，他们为你进行了烦琐的调查，使你和分析价格的商家站在同一起跑线上。对于担心超级数据分析会影响价格的消费者来说，这既是最好的时代，也是最坏的时代。

隐性歧视

价格歧视愈演愈烈的前景已经足够可怕了。更加令人不安的是，超级数据分析也可以用于种族歧视。我之前提到了数据驱动型信贷决策的成功及其争议。统计公式的确远远优于信贷员的自主决策体系。从某种程度上说，这是因为统计公式没有情感。和有血有肉的信贷员不同，回归方程不会产生种族敌意。所以，信贷和保险决策的中心化和统计化转型在很大程度上将仇恨排除在了人们拒绝向少数族裔提供贷款和保险的动机之外。

不过，统计决策并不是解决民权问题的万能良药。信贷和保险政策背后的算法使种族成了集中式政策的一个潜在影响因素。这些算法不太可能明目张胆地将种族作为判断依据。基于种族的公式被曝光的可能性太大了。不过，表面上具有种族中立性的算法有时会设置隐性红线。过去，人们拒绝向少数族裔街区贷款，这是一种众所周知的地理歧视。隐性红线与此类似，是指人们拒绝向少数族裔成员过多的数据库群体贷款。这里的问题是，贷款人可以对数据库进行挖掘，发现与种族关系密切的特征，将这些特征作为拒绝贷款的借口。少数族裔群体已经指出，较小的贷款金额和借款人的不良信用史是与种族关系密切的拒绝贷款的借口。

我们的民权法律禁止基于种族的贷款政策。即使贷款人发现相同信用分数的西班牙裔比盎格鲁裔更容易违约，他也不能将种族作为合法的贷款决策依据。不过，贷款人可以通过超级数据分析规避民权禁令。只要他使用具有种族中立性的政策，其他人就很难确定种族是这项政策背后的非法动机。

这种隐性红线也可能出现在保险领域。由于信用不佳而没能获得房主保险的非裔美国女性奇克莎·欧文斯（Chikeitha Owens）向全美保险公司提起诉讼。她说，公司对于其信用分数历史的使用在事实上制造了一个种族化类别，这个类别中的申请人无法获得保险。

实际上，在涉及平权行动时，最高法院支持这种迂回策略。作为最高法院的摇摆投票人，桑德拉·戴·奥康纳法官在一系列重要的平权行动表态中称，在实施明确基于种族的平权政策之前，决策者需要努力寻找"具有种族中立性的途径，以提高少数族裔的参与度"。作为回应，一些学校开始寻找过度支持少数族裔申请者的种族中立性录取标准。例如，加利福尼亚的一些学校现在偏爱那些母亲没有大学毕业的申请者。这项录取标准明显具有提高少数族裔录取率的目的。不过，奥康纳法官的标准其实是在公开支持更加复杂的种族预测公式。在显性种族偏好遭到禁止的世界里，超级数据分析开启了根据种族预测调整行为的可能性。

我知道你明年夏天会做什么

大学和保险商所进行的种族预测是超级数据分析降低人们有效隐私范围的另一个证明。突然之间，在我们生活的世界里，我们的身份以及我们过去和未来的行为正在变得日益公开。

部分隐私问题不是源于超级数据分析，而是源于数字化的阴暗面。现在，信息不仅更容易以数字形式得到捕捉，而且几乎没有复制成本。这是一个可怕的世界，因为选择点和其他数据聚合商掌握了我们的许多信息。我们有理由为信息泄漏而担忧。2006年5月，这种担忧变成了现实，因为一位政府雇员家中的电子记录遭到盗窃，其中包含了超过1,750万老兵的社保号码和出生日期。政府提醒这些老兵要"格外警惕"地监督银行和信用卡记录，但是身份遭窃的风险依然存在。这种风险不限于官僚事故。富达投资公司一名员工家中的笔记本电脑失窃，导致19.6万名惠普员工的个人信息遭到泄漏。美国在线的一名工作人员错误敲击了一个按键，导致数百万用户的个人搜索信息出现在了网上。

我们习惯于向电话公司和网站提供密码和提示问题的答案，以便让他们验证我们的身份。今天，Corillian等新型服务可以在几秒钟的时间里向零售商提供你从未提供过的提示问题和答案。当你向梅西百货公司申请信用卡时，对方可能会询问你母亲1972年的居住地。超级数据分析师可以通过统计匹配算法将不同类型的数据联系起来，在几纳秒的时间里梳理出一些事实，这项工作过去可能需要花费几个星期的时间。

到目前为止，我们的隐私法律保护的主要是人们在住所和宅地（住所周围的封闭区域）的隐私。对罗伯特·弗罗斯特来说，家是"当你需要前往时人们必须让你进入"的地方。不过，在宪法看来，家本质上是你拥有"合理隐私预期"的地方。根据法律，我们在大街上的行为没有隐私，警察可以在没有许可证的情况下随意窃听我们的对话。

过去的法律不需要过多地担心我们的出行隐私，因为在大街上，我们对别人来说通常是陌生人。唐纳德·特朗普在纽约散步时也许很容易被人认出来，但是我们大多数人都能以陌生人的身份在曼哈顿四处游荡。

不过，公开场合匿名性的范围正在缩小。你可以仅仅根据名字对一个人进行搜索，找到他的地址、照片以及其他许多信息。有了面部识别软件，我们甚至连名字也不需要了。我们很快就可以对路人进行被动识别了。最早的面部识别软件是由警察使用的——用于在超级碗现场寻找通缉犯。在马萨诸塞，警方最近用面部识别软件捉住了逃犯罗伯特·豪厄尔（Robert Howell）。电视节目《美国通缉犯》曾对豪厄尔做过专题报道。执法官员利用他在电视节目中的特写镜头在超过 900 万张数字驾照相片的数据库中进行匹配，终于找到了他。虽然豪厄尔用另一个名字成功取得了驾照，但他还是没能逃过面部识别软件的法眼。这种超级数据分析软件也被用于发现那些用不同名字申请多个许可证的骗子。虽然这种数据库预测还不完美，但它已将超过 150 对双胞胎识别为潜在欺诈犯。

在史蒂文·斯皮尔伯格的电影《少数派报告》中，汤姆·克鲁斯饰演的角色遭到了个人电子广告的骚扰。当他逛商场时，电子广告认出了他，并且叫出了他的名字。就目前而言，这种事情仍然只能发生在科幻小说里。不过，我们正在接近这个目标。现在，被动识别已经出现在了网上。PolarRose.com 正在通过面部识别提高图片搜索质量。谷歌图片搜索目前依赖于出现在网络图片附近的文本。相比之下，PolarRose 可以创建图片的三维渲染，为90 种不同面部特征编码，然后将图片与不断扩充的数据库进行匹配。突然之间，如果你在某个游客拍摄照片时从后面经过，全世界都会知道你在哪里。任何被发布到 flickr.com 等网站上的照片都可以透露你的行踪。

人们对于面部识别的大部分讨论强调软件对于不同面部特征的成功"编码"。不过，毫无疑问，面部识别是一种寻找高概率预测的超级数据分析。一旦你被识别出来，超级数据分析就会翻出你的老底，因为越来越多的人可以确定你曾经忘记向图书馆归还哪些图书，你向政客提供了多少资金，你拥有哪些不动产，以及关于你的其他许多信息。严格地说，去商场购买百吉圈是一种公开行为，但是对于大多数普通人来说，公开场合的匿名性带来了各种不被关注的行动自由。超级数据分析正在缩小公开场合的隐私范围。

通过观察一个人目前的少数细节，夏洛克·福尔摩斯（Sherlock Holmes）可以推断出关于他过去的复杂细节。有了更加复杂的数据集，超级数据分析师可以做出远超福尔摩斯的预测。根据这 250 个变量，你为纳德投票的概率是 93%。这只是初步推测，我亲爱的华生（Watson）。

数据挖掘不只是为"我知道你去年夏天做了什么"赋予了新的意义。超级数据分析师还可以敏锐地预测出你明年夏天将会做什么。传统上，隐私权指的是保护过去和现在的信息。我们无须考虑为未来的信息保密。由于未来的信息还不存在，因此我们没有可以保密的对象。不过，数据挖掘预测恰恰引发了这种担忧。从某种意义上说，超级数据分析为我们未来的隐私带来了风险，因为它可以从概率上预测我们将要做什么。超级数据分析为我们带来了一种统计先决论。

1997 年科幻惊悚电影《千钧一发》想象了一个基因决定命运的世界。当主人公出生时，他的父母被告知，他患上狂躁抑郁症的概率是 42%，预期寿命是 34.2 岁。现在，超级数据分析师可以观察某人过去的一系列普通行为，对他的未来做出极为准确的评估。例如，通过对信用卡记录的一点点挖掘，维萨信用卡就可以比较准确地猜测出我未来五年是否会离婚。

害怕公共数据遭到不当使用的"数据保守者"有诸多值得担忧的地方。谷歌的公司使命是"组织世界上的信息，使之具有普遍可访问性和可用性"。这个雄心勃勃的目标非常诱人。不过，它完全没有考虑到隐私问题。数据驱动型预测正在创建新的维度，我们过去甚至未来的行为将具有"普遍可访问性"。

隐私范围的缩小非常缓慢，因此我们很难意识到正在发生的事情并进行集体抵制。我们就像温水里的青蛙一样，没有注意到环境正在发生变化。现在，以色列人在日常活动时需要不断接受金属探测器的检测。有时，通过这种阶梯式"进步"，我们所有人都会吃上温室番茄和神奇面包之类看起来像是食物的东西。令人担忧的是，数字分析可能也会以类似的方式使我们的生活变质。

新闻记者需要援引隐私评论员的话语，以唤醒人们的意识，号召大家进行辩论。不过，在实践中，大多数人似乎不太重视自己的隐私。波尼蒙研究所估计，只有7%的美国人由于关注隐私而改变了自己的行为。例如，研究发现，为了获得50美分折扣券，大多数人愿意透露自己的社保号码。很少有人为了保护个人驾驶信息而拒绝使用易通系统（及其折扣）。就个人而言，我们愿意出卖自己的隐私。1999年，太阳系统公司总裁斯科特·麦克尼利（Scott McNealy）傲慢地宣布，我们"没有隐私——忘了它吧"。许多人已经忘记了自己的隐私。

超级数据分析不仅会影响顾客和雇员，而且会影响普通市民。

我个人并不担心别人对我进行搜索或者预测我的行为。对全球信息进行索引和分析的好处完全可以抵偿它的成本。不过，其他公民完全有理由提出异议。有一点是肯定的：消费者的压力不太可能限制超级数据分析的迅猛发展。要想限制数据驱动型决策的过度使用，全世界的数据保守者需要团结起来（并说服国会）。

真理常常具有保护作用。不过，如果公司利用真实的预测算计我们，顾客和雇员有时可能会受到伤害。如果他人利用真实的预测对我们过去、现在和未来的隐私进行不当侵犯，普通市民也会受到伤害。不准确（不真实）的预测更加令人担忧。没有合适的保护，它们可能伤害到每一个人。

约翰·洛特是谁？

2002 年 9 月 23 日，玛丽·罗什（Mary Rosh）在网上对我和同事约翰·多诺霍（John Donohue）的一篇实证论文进行了相当严厉的批评。罗什说：

> 艾尔斯和多诺霍的论文是个笑话。我之前看到了这篇论文……哈佛法学院的朋友说，多诺霍在那里发表了这篇论文，遭到了批判……

罗什批评的文章讨论了枪支管制法律对于犯罪的影响。这是对于约翰·洛特提出的"枪支越多，犯罪越少"观点的回应。洛特创建了一个巨大的数据集，用于分析枪支管制法律对于犯罪的影响。他的惊人发现是，在那些通过法律使守法公民易于携带隐藏式武器的州，犯罪现象明显减少。洛特相信，如果罪犯无法确定受害者是否携带武器，他们就不太可能犯罪。

　　我和多诺霍根据洛特的数据对同样的问题进行了几千次回归。我们的文章反驳了洛特的核心观点。实际上，我们发现，在通过相关法律后，犯罪行为显著增加的州是犯罪行为减少州的两倍。不过，总体而言，这些变化并不大，枪支管制法律可能不会对犯罪产生正面或负面影响。

　　此时，玛丽·罗什在网上发声了。她的评论从内容上看并不引人注目——那是一种混乱的学术争吵。这段评论的不同寻常之处在于，玛丽·罗什是约翰·洛特的"马甲"。玛丽·罗什是一个化名，是用约翰四个儿子名字的前两个字母拼成的。洛特以罗什的名义在网上发布了许多评论，用于宣扬他自己理论的优点，抨击对手的学术成果。例如，罗什称自己曾是洛特的学生，并且赞美了洛特的教学。"我想说，他是我所见过的最好的教授，"她写道，"你无法从课堂上得知他是'右翼思想家'。"

　　洛特有着复杂而扭曲的灵魂。他常常是会场里最聪明的人，往往会在做好周全准备的情况下才去参加研讨会并参与辩论。当我在芝加哥大学发表关于纽黑文保释经纪人的统计论文时，我第一次遇到了他。洛特不仅仔细阅读了我的论文，而且查询了纽黑文经纪人的电话号码，并且给他们打了电话。我惊讶得目瞪口呆。

他在公共场合很喜欢争论，但在一对一谈话时语调温和，甚至有些怯懦。洛特身体很好。他很高，面部比例失调，就像伊卡博德·克莱恩（Ichabod Crane）一样。玛丽·罗什甚至这样描述他：

> 大约10年前，我是洛特的学生。他有一道贯穿前额的明显伤疤。它似乎穿过了眼眉，横跨整个额头。这道伤疤极为明显，人们会谈论和取笑它。一些学生说，他小时候动过大手术。

在约翰以玛丽·罗什的名义作假之前，在我的引荐下，他在耶鲁法学院做了两年研究员。毫无疑问，约翰·洛特拥有比较出色的数字分析能力。

他的隐藏式武器实证论很快被枪支权利倡导者和政客当作证据，用于反对控枪运动，扩大携带枪支的自由。在洛特发表最初那篇文章的同一年，参议员拉里·克雷格（Larry Craig，爱达荷州共和党员）引入了个人安全和社区保护法案，用于支持在家乡州获得有效持枪许可的人在非居住州携带隐藏式武器。参议员克雷格指出，约翰·洛特的研究表明，通过允许隐藏式手枪的法律武装公民的做法可以从整体上保护社区，因为罪犯可能会遭到射击。

洛特不断受邀在州议会作证，以支持隐藏式枪支法律。自从洛特1998年发表最初那篇文章以来，有9个州通过了他所支持的法律。本书谈论的是超级数据分析对于现实决策的影响。我们很难确定洛特的文章是不是这些法律获得通过的必要条件。不过，洛特及其"枪支越多、犯罪越少"的回归仍然产生了大多数学术人员梦寐以求的影响。

　　洛特不仅慷慨地向我和多诺霍公开了他的数据集，而且向每个提出请求的人公开了他的数据集。我们进行了深入挖掘，核对他的计算，并对他的假设做出细微改动，然后检查他的结果是否仍然成立。用计量经济学术语来说，这是在检验他的结果是否具有"鲁棒"①。

　　我们得到了两个意外发现。首先，我们发现，如果你对洛特的回归方程做出没有恶意的改动，洛特发现的减少犯罪效应常常会消失。更令人不安的是，我们发现，洛特在创建一些底层数据时犯了一个与计算机有关的错误。例如，在许多回归中，洛特试图将犯罪行为限定在特定年份（比如1988年）和特定区域（比如东北部）。不过，我们在观察他的数据时发现，许多变量被错误地设置成了零。当我们用校正后的数据对他的公式进行估计时，我们再次发现，这些法律更容易提升而不是降低犯罪率。

---

① Robust 的音译，即稳健性，指控制系统在一定（结构大小）的参数摄动下，维持其他某些性能的特性。——译者注

我要强调，这两种错误是我和其他几乎所有超级数据分析师都可能犯的错误——尤其是对于编程错误而言。在整理大型数据集合以运行回归时，你需要进行数百项数据操作。如果数据分析师在任意一项转换中犯错，最终预测就可能失去准确性。我不认为洛特故意对数据进行了错误编程，以生成支持其论文的预测。不过，令人不安的是，在我和多诺霍指出编程错误后，洛特及其合作者仍然在使用存在缺陷的数据。正像我和多诺霍在回应第一篇文章时说的那样，"不断将错误数据引入公开辩论的做法开始暗示一种行为模式，这种模式不太可能导致人们支持洛特（'枪支越多、犯罪越少'）的假设"。

我们不是唯一参与这一话题的人。另有十几位研究人员利用洛特的数据对这一问题进行了重新分析。2004 年，美国科学院参与到了辩论之中，总结了关于武器和暴力犯罪的实证研究，包括洛特的研究。他们的专家小组发现，"没有值得信赖的证据证明允许合格成人暗藏手枪的'携带权'的法律可以增加或减少暴力犯罪。"至少就目前而言，这基本上总结了许多学术人员对于这一问题的感受。

不过，洛特仍然在负隅顽抗。实际上，由于约翰这个对手太过固执，因此我不太敢在本书中提及他的名字。2006 年，洛特做出了惊人举动，他以诽谤罪名将史蒂夫·莱维特告上法庭，因为莱维特的畅销书《魔鬼经济学》中有一段话是这样说的：

洛特的假设很有趣，但它似乎并不成立。当其他学者试图复制他的结果时，他们发现这些携带权法律根本无法减少犯罪。

　　为支持这种说法，莱维特在尾注中引用了……你猜对了，他引用了我和多诺霍那篇被玛丽·罗什称作笑话的文章。洛特的诽谤指控完全依赖于"复制"的含义。洛特声称，莱维特暗示洛特伪造了结果——他犯下了"编辑输出文件"的严重过失。洛特的诉讼令我吃惊的一个重要原因是，当我和多诺霍修正了洛特显而易见的编程错误时，我们无法复制他的某些结果（顺便一提，洛特本人承认了这些编程错误）。

　　幸好，地区法院驳回了对于《魔鬼经济学》的指控。2007年初，鲁本·卡斯蒂略法官（Judge Ruben Castillo）指出，"复制"一词没有诽谤含义。他还说，艾尔斯和多诺霍的脚注表明，"'复制'一词仅仅用于表示其他学者反驳了洛特的枪支理论，并不表示他们证明洛特伪造了数据"。

假如数据分析师犯错

　　洛特的故事可以给超级数据分析师带来一些重要教训。首先，洛特分享数据的行为值得学习和表扬。虽然玛丽·罗什事件和其他因素使洛特的名誉严重受损，但是他的开放访问策略为数据分析师树立了一种新的道德标准。例如，我现在形成了分享数据的习惯，前提是这样做不违反法律。一些期刊现在也要求作者分享数据（或者指明不能分享数据的原因），包括我自己的《法律、经济和组织期刊》。如果洛特没有向我和多诺霍提供他所使用的数据集，我们永远无法评估他的研究。

洛特的故事还突显了对结果进行独立验证的重要性。人们很容易在无意中犯错。而且，当一个研究员花费无数个小时得到了一个重要结果时，他会努力为这个结果辩护。我本人也具有这种倾向。我们很容易宣称，直觉主义者和经验主义者存在认知偏差，这的确是事实。不过，洛特的故事表明，实证主义者也存在认知偏差。洛特在压倒性证据面前对于其论文的坚定辩护突显了这一事实。数字没有情绪和偏好，但解释数字的分析师具有情绪和偏好。

我和洛特之间的龃龉表明，设立正规的实证魔鬼代言人制度是很有用的，其职责类似于罗马天主教会的魔鬼辩护士。在500多年时间里，在正规的追封程序中，一个人（申请者）负责为正方辩护，另一个人（信仰促进者）负责为反方辩护。根据普罗斯彼罗·兰博蒂尼（Prospero Lambertini，即后来的本笃十四世教皇〔1740—1758年在位〕）的说法：

〔信仰促进者的职责是〕批判性地检查被封为圣徒或得到

祝福的个体的人生和源于他的奇迹。他所提供的事实必须包括所有对候选人不利的事情，因此信仰促进者通常被称为魔鬼代言人。他的职责要求他准备反对任何人获得圣坛荣耀的所有可能的书面论述，这些论述有时甚至带有侮辱成分。

公司董事会可以设立魔鬼代言人的职位，其职责是在重要项目中寻找漏洞。这些专业反对者可以在不危及自身职位的前提下校正过度自信偏差。洛特的故事表明，超级数据分析师可以通过制度化的反击确保其预测的稳健性。

对学术界的数据分析师来说，魔鬼代言人是一条双向车道。我和多诺霍通过数字分析检验洛特"更多枪支"论文的稳健性。洛特反复对我和同事使用过的数字进行分析。我和莱维特在一篇文章中指出，隐形路捷发射器对于减少犯罪具有重大影响，洛特对于这篇文章的稳健性也提出了异议。多诺霍和莱维特在一篇文章中指出，堕胎合法化会减少犯罪，洛特也对其数据进行了重新分析。在我看来，洛特的所有反击式分析都没有说服力。不过，重点在于，做出判断的人不是我们和洛特。通过数字分析式对抗，我们更容易得出正确结论。我们彼此之间保持坦诚。

论战和反对对于超级数据分析特别重要，因为超级数据分析会导致中心化决策。当你把所有鸡蛋放进一个决策篮子时，你应该努力确保决策的正确性。"两次测量，一次切割"的木匠格言在这里同样适用。不过，在学术界以外，洛特、艾尔斯、多诺霍和莱维特之间的这种论战常常是不存在的。我们习惯于看到政府和公司的委员会报告给出所谓的实证研究最终结果。不过，政府机构和委员会通常没有实证检查和平衡机制。特别地，当底层数据涉及专有权或者需要保密时——企业和政府数据常常存在这种情况——像洛特和我这样的外部人员根本无法进行反击。因此，这些超级数据分析师更应该回应组织内部善意的反对声音。实际上，我认为，未来会出现一些私下提供第二意见的数据质量公司——就像审计账簿的四大会计师事务所一样。决策者不应该仅仅依赖于一个数字分析师的说法。

本书大部分章节介绍的都是超级数据分析师的成功案例。他们的预测往往比没有进行数据挖掘的人做出的预测更加准确，不管我们是否喜欢它们对于消费者、雇员和普通市民的影响。不过，洛特的故事表明，数字分析师不是永不犯错的预言家。我们当然可能犯错，而且的确犯下了一些错误。如果人们依赖于糟糕的数字，他们就要倒霉了。

数据驱动型决策不受监督（内部或外部监督）的迅猛发展可能会给我们带来一批错误的统计分析。一些数据库并不容易得出明确结论。在政策领域，关于死刑、隐藏式手枪和堕胎能否减少犯罪，人们仍然存在激烈的辩论。一些研究人员对数据进行了深度改造，他们的数据库就像屈打成招的囚犯一样。统计分析为研究覆盖了一层科研道德喷漆，它会掩盖错误假设的滥用。

就连作为因果检验黄金标准的随机化研究也可能得到失真的预测。例如，获得诺贝尔奖的计量经济学家詹姆斯·赫克曼（James Heckman）中肯地批评了人们对于一些随机化研究结果的依赖，因为最终完成这些实验的人数远远小于最初参加实验的人数。例如，我现在想用一项随机化研究测试获得财务激励的减肥者是否比单纯的减肥者更容易减肥。一个很自然的想法是寻找一批打算减肥的人，然后通过抛硬币的方式将一半人分入财务激励小组，将另一半人分入对照小组。当我们试图收集结果时，问题来了。宪法对于奴隶制的禁止是一件好事，但它意味着我们无法强制人们完成实验。我们几乎总会遇到损耗，因为一些人在一段时间以后会不再接听你的电话。即使处理小组和对照小组一开始在概率上是相同的，他们到了最后也可能存在很大差异。实际上，在这个例子中，没能降低体重的人可能更容易退出财务激励小组。到了最后，这个小组只会留下经过自我筛选的成功样本。这无法很好地检验财务激励是否有利于减肥。

最近一项备受争议的随机化研究涉及一个更加基本的问题：低脂饮食是否有利于健康？2006年，妇女健康倡议协会耗资4.15亿美元的联邦研究得出了结果。研究人员将50岁到79岁的近4.9万名女性随机分配到低脂饮食组和非低脂饮食组，然后在8年时间里跟踪她们的健康状况。

低脂饮食组"实施了高强度行为修正计划，包括第一年的18

次小组培训和随后的每季维持培训"。这些女性第一年末的脂肪摄入量减少了 10.7%，第六年末的脂肪摄入量减少了 8.1%。（她们平均每天还会额外吃一份蔬菜或水果。）

结果令人吃惊。和人们之前接受的观点不同，低脂饮食并没有改善这些女性的健康。分到低脂饮食组的女性和没有改变饮食的女性具有几乎相同的体重，患上心脏病和癌症的概率也没有差异。（患上乳腺癌的风险略低——低脂饮食组是每年 0.42%，常规饮食组是每年 0.45%——但是这种差异没有统计显著性。）

一些研究人员将这些结果看作循证医学的胜利。在他们看来，这项大规模随机化试验从根本上反驳了之前的研究结论，后者认为低脂饮食可能降低乳腺癌和结肠癌的风险。这些之前的研究基于间接证据，例如，从低脂饮食国家搬到美国的女性患上癌症的风险比较高。实验室研究也显示，高脂饮食会提高动物患上乳腺癌的风险。

所以，妇女健康倡议协会试图直接测试一个非常紧迫的核心问题。极低的测试减员率体现了研究人员的勤奋。8 年之后，低脂饮食组只有 4.7% 的女性退出了实验或者失去了联系（常规饮食组则是更低的 4.0%）。

不过，这项研究仍然遭到了批评。就连循证医学的支持者也认为，这项研究浪费了几亿美元经费，因为它提出了错误的问题。一些人说，它所推荐的饮食脂肪含量不够低。节食者被告知，她们摄入的卡路里可以有20%来自脂肪。（只有31%的人将饮食中的脂肪控制到了这个水平。）一些批评者认为，研究人员应该推荐10%的脂肪比例——这涉及一些复杂问题。

另一些批评者认为，这项研究没有意义，因为它测试的是降低饮食中总体脂肪比例的影响，而不是降低饱和脂肪的影响，而饱和脂肪会提高胆固醇水平。随机化研究无法为你没有测试的问题给出答案。所以，我们并不知道减少饱和反式脂肪能否降低心脏病风险。我们不太可能很快知道这个问题的答案。指导美国癌症协会流行病研究的迈克尔·图恩博士（Dr. Michael Thun）将这项研究称为"研究中的劳斯莱斯"，因为它不仅质量很高，而且成本很高。"在规模很大的试验中，我们通常只能对某个特定问题进行研究，"图恩说。

妇女健康倡议协会的另一项钙片研究也引发了类似的问题。这项为期7年的随机化测试跟踪了3.6万名50岁到79岁的女性，发现服用钙片不会显著降低髋骨骨折风险（但会提高肾结石风险）。批评者再次指出，这项研究可能对错误的女性群体提出了错误的问题。钙片支持者想知道钙片能否帮助年纪更大的女性。另一些人说，他们应该将那些在常规饮食中已经充分摄入钙元素的女性排除在外，以测试钙片对于缺钙群体的影响。当然，还有一些人认为，他们应该在测试中使用更大剂量的钙片。

尽管这些结果存在局限性，但它仍然起到了一定的提醒作用。

美国骨质疏松基金会主席埃塞尔·西丽丝博士（Dr. Ethel Siris）告诉《纽约时报》记者，新的研究使她对于让女性吃钙片的建议产生了怀疑。"我们以前不知道它有副作用，因此医生常常提出这样的建议。"西丽丝说。

当听到钙片研究的结果时，西丽丝的第一反应是提出异议。当她听到人们对于妇女健康倡议协会一些研究的无理批评时，她改变了想法。看到其他人的抵制心态，她改变了自己的抵制心态。她不想"由于不喜欢研究结果而认为研究设计存在问题"。

这件事关系重大。妇女健康倡议协会的大规模随机化研究正在改变医生对于一系列疗法的实践。一些医生不再建议患者通过低脂饮食降低心脏病和癌症风险。另一些人改变了对于钙片的态度，包括西丽丝。即使是最好的研究也需要解释。做得好，超级数据分析是社会的福音。做得不好，基于数据库的决策可能伤人性命。

超级数据分析的兴起是一个不容忽视的现象。在网上，它已经提高了我们的生活质量，而且还会继续提高生活质量。拥有更多关于"什么会导致什么"的信息通常是一件好事。不过，本章的目的是指出这种一般趋势的例外情况。我们在本书中反复看到的许多抵触现象可以用利己因素解释。传统专家不喜欢超级数据分析通常会带来的控制权和地位的丧失。不过，一些抵制来自内心。一些人惧怕数字。对这些人来说，超级数据分析是最可怕的噩梦。在他们看来，为了回避数据驱动型决策，他们可以主修人文学科，然后学习一些与语言有关的优雅学问，比如法律。

可以想见，超级数据分析会遭到强烈抵制。它的影响越大，抵制就越大——至少是局部抵制。我们见过不含激素的牛奶和没有做过动物实验的化妆品。类似地，我们可能会看到自称"没有数据挖掘成分的"产品。从某种意义上说，这一天已经到来了。在政治领域，不会调查所有人的意见、不会遵循得到团队批准的脚本以保持统一口径、心直口快的候选人具有一定的吸引力。在商业领域，西南航空等公司为特定航线的所有座位收取相同的票价。西南航空的乘客不需要通过 Farecast 预测未来的票价，因为西南航空不会像其他航空公司那样，为了从每个乘客身上榨取最大利润而使用不断变化的定价策略（更委婉的说法是"收益提升"策略）。

价格抵制也许有道理，但在整体上追求不被超级数据分析污染的生活既不可行也不明智。与其顽固地反对这种强大的新技术，不如学习和参与这场革命。我的建议是，你应该用超级数据分析的基本工具武装头脑，而不是把脑袋埋进排斥数字的沙土里。

魔鬼统计学

Super Crunchers:
Why Thinking-By-Numbers is the New Way To Be Smart

第八章　未来需要的人才

下面是一个真实的寓言。有一次，我和八岁的女儿安娜去登山。安娜是一个健谈的女孩，她业已有自身独立的时尚意识，这使我很惊讶。她还是一个巧妙的规划师，会提前半年思考生日派对的主题和细节。最近，她开始为家人设计和制作复杂的桌面游戏。

在登山过程中，我问安娜走过几次沉睡巨人小路。安娜回答道："6次。"接着，我让她说出这个估计值的标准差。安娜回答道："2次。"她停顿了一下，然后说："爸爸，我想把平均值改成8次。"

安娜的回答涉及了"数字思维是成为聪明人的新途径"的核心原因。要想理解她那小小的脑袋里发生了什么，我们需要后退一步，对我们的朋友标准差稍加了解。

安娜知道，标准差是一种对于分散性的非常直观的衡量。她知道，标准差为我们提供了一种在数字和直觉之间来回切换的途径，使我们可以更好地理解某种随机过程的内在波动性。这听上去很抽象，很深奥，但是一个具体事实已经深深地印在了安娜的脑海中：

正态分布变量落在均值两个标准差（正负）范围内的概率是95%。

在我家，我们称之为"双标准差"规则。理解这个简单原则是理解波动性的核心。那么，这个规则是什么意思呢？平均智商得分是100，标准差是15。双标准差规则告诉我们，95%的人智商在70（100减去两个标准差）和130（100加上两个标准差）之间。双标准差规则可以将标准差数字简单地转化成关于波动性的直观陈述。根据双标准差规则，我们可以用我们能够理解的概率和比例来看待波动性。大多数人（95%）的智商在70和130之间。如果智商分布的波动性较小——比如标准差是5——那么将95%的人包括在内的智商范围就会小得多。我们可以说，95%的人智商在90和110之间。（实际上，我们稍后将会看到，被驱逐的哈佛校长拉里·萨默斯由于暗示男女智商标准差不同而陷入了麻烦。）

根据这些知识，我们可以知道安娜在那次重要的远足中想到了什么。你知道，安娜可以在睡梦中说出双标准差规则。她知道标准差是我们的朋友。她还知道，当你拥有标准差和均值时，你应该做的第一件事情就是使用双标准差规则。

前面说过，安娜说她爬过6次沉睡巨人。她还说，这个估计值的标准差是2。在将2作为标准差估计值时，她想到了双标准差规则。安娜思考了95%的置信区间，然后试图得到一个与直觉相符的数字。她用双标准差规则将直觉转化成数字。（如果你想挑战自我，你可以看看自己能否利用双标准差规则和直觉推测出成年男性身高的标准差。你可以在本页底部获得帮助。）①

不过，安娜并没有止步于此。真正神奇的是，在停顿几秒之后，她说："爸爸，我想把均值改成8。"在这段停顿过程中，在她说出估计值是6、标准差是2以后，她静静地对双标准差规则进行了更多思考。根据规则，她登上沉睡巨人山顶的次数在2次和10次之间的概率当然是95%。下面是重点：在没有任何提示的情况下，她仅仅用经验和记忆对这个范围的真实性进行了反思。她意识到，她显然来过不止2次。她的数字与直觉不符。

要想解决这个矛盾，她可以缩小标准差的估计值（"爸爸，我想把标准差改成1"）。不过，她觉得增加均值的估计值更准确。她将均值上调为8，认为她来过这里的次数在4次和12次之间的概率是95%。曾经陪伴她来过这里的我可以证明，安娜修改后的数字是正确的。

这是女儿最令我自豪的时刻。不过，我讲这个故事的目的不是（不只是）吹嘘安娜的天赋。（她是个聪明的孩子，但她不是天

---

① 要想使用双标准差规则，你需要估计两件事。首先，美国成年男性的平均身高是多少？如果你回答1.75米，那么你干得不错。下面是更加困难的问题。95%的成年男性具有怎样的身高范围？尽量让你的身高范围以成年男性平均身高1.75米为中心。忘掉标准差，仅仅根据你对世界的了解回答这个问题。成年男性身高接近正态分布。所以，如果你的回答是正确的，就会有2.5%的男性身高低于你的身高下限，2.5%的男性身高高于你的身高上限。不要为精确度而担忧。一定要写出一个身高上限和一个身高下限。答案在尾注中。

才少年。虽然我很想培养她的智力，但她并没有表现出超常的才能。）我讲这个故事是为了展示统计学和直觉的完美配合。安娜在记忆和统计学知识之间来回切换，得出了单纯凭借记忆和统计学知识无法得到的估计值。

通过估计95%的概率范围，安娜得到了更准确的均值估计值。这可能是一个巨大发现。在法庭上，律师常常很难让证人估计出某件事情发生的时间和次数。有了这种方法，情况就不同了。当你试图唤醒自己或其他人的记忆时，你也可以使用这种方法。

未来属于统计学家

> 对于法律的理性研究而言，研究文本的人可以掌握现在，但未来属于统计学家……
>
> ——小奥利弗·温德尔·霍姆斯
>
> 《法律的道路》，1897年

统计思维的兴起并不意味着直觉和专业知识的终结。相反，安娜的故事表明，我们可以对直觉进行改造，使之与统计思维共存。决策者会越来越多地在直觉和基于数据和决策之间切换。他们的直觉将指导他们对于数据提出新的问题，这是非直觉型数字分析师无法做到的。数据库会越来越多地允许决策者对直觉进行检验——不是检验一次，而是持续检验。

这种辩证关系是一条双向车道。最好的数据挖掘者可以坐下来，用直觉和经验知识思考他们的统计分析是否合理。与直觉偏离很远的统计结果应当得到仔细审查。虽然纯粹的直觉主义者和新一代数字分析师目前存在很大的冲突，但是未来的人可能会发现，这些分析工具的辅助作用大于替代作用。两种决策形式可以有效弥补对方最大的弱点。

有时，数据分析师不是从某个假设开始分析，而是突然遇到一个奇怪的结果，一个不应该出现的数字。这就是奥地利经济学家贾斯廷·沃尔弗斯（Justin Wolfers）经历的事情，当时他正在宾夕法尼亚大学沃顿商学院讲授一门关于信息市场和体育投注的研讨课。沃尔弗斯希望向学生展示拉斯韦加斯赌场对于大学篮球比赛的预测有多准确。所以，沃尔弗斯收集了超过4.4万场比赛的数据——几乎囊括了16年间的每一场大学篮球比赛。他创建了一个简单的图表，以展示实际获胜分差与市场让分预测的对比情况。

"图像与正态钟形曲线非常接近。"沃尔弗斯说。被支持球队超出让分点的场次几乎刚好是50%（50.01%），低于让分点的场次也几乎刚好是50%。"我希望向学生表明，这不仅适用于一般情况，而且适用于不同的让分点。"沃尔弗斯为让分点低于6分和让分点在6～12分之间的比赛制作的图像再次表明，拉斯韦加斯的曲线非常准确。实际上，下面这张让分点不超过12分的比赛图像展示了预测的准确度：

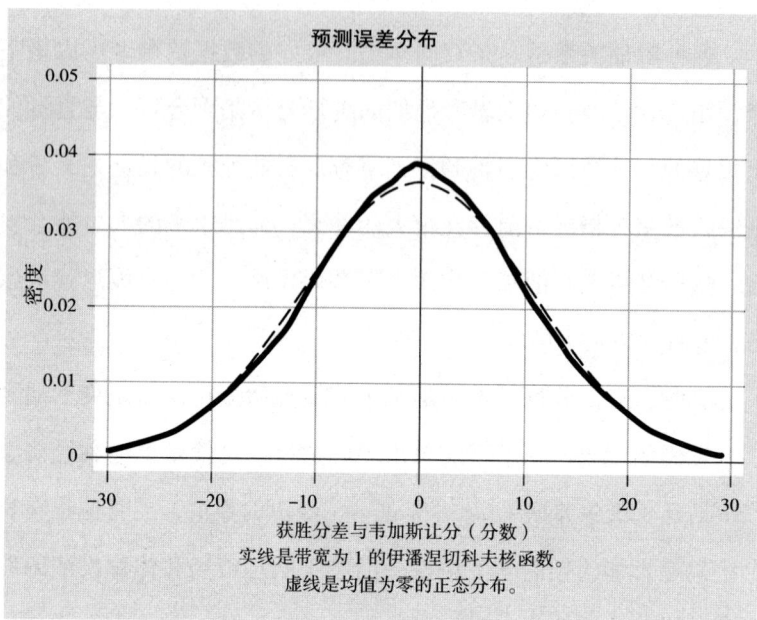

预测误差分布

获胜分差与韦加斯让分（分数）
实线是带宽为 1 的伊潘涅切科夫核函数。
虚线是均值为零的正态分布。

来源：贾斯廷·沃尔弗斯，《放水：美国大学生体育协会篮球比赛中的腐败》，PowerPoint 图像，美国经济协会会议（2006 年 1 月 7 日）。

　　可以看到，获胜分差的实际分布（实线）与理论上的正态钟形曲线非常接近。通过这张图，你可以知道为什么人们将这种分布称为"正态"分布。现实世界中的许多变量接近正态，具有标准钟形曲线的形状。几乎没有什么事情具有完美的正态性。不过，许多实际分布与正态分布足够接近，在你进入与中点相距几个标准差的尾部之前，你可以用正态分布对其进行非常准确的近似。[①]

① 顺便一提，获胜分差的标准差是 10.9 分。你能用双标准差规则对于实际获胜分差相对于拉斯韦加斯曲线的波动性得出一些直观的结论吗？根据双标准差规则，实际获胜分差位于拉斯韦加斯分差大约 21 分范围内的概率是 95%。

当沃尔弗斯为分差超过 12 分的比赛制作图象时，问题出现了。当他为学生们分析数字时，他得到了下面的结果：

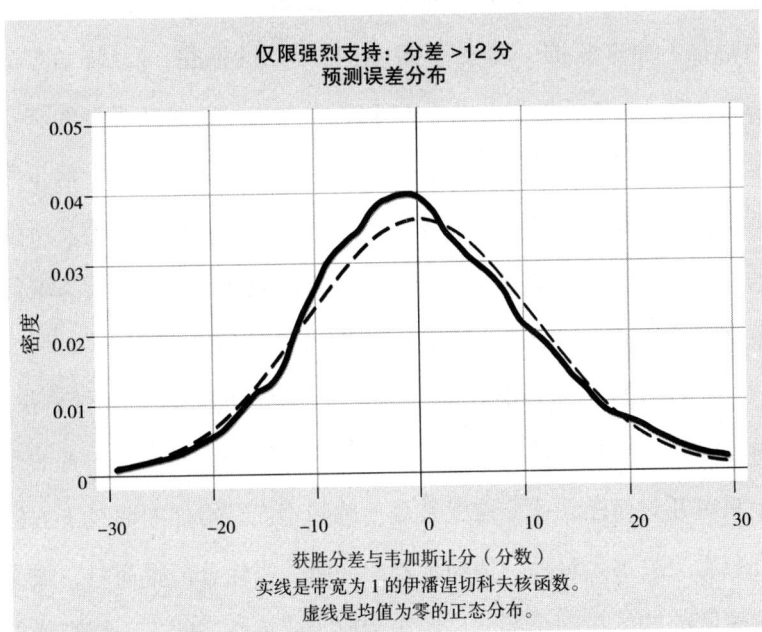

仅限强烈支持：分差 >12 分
预测误差分布

密度

-30 -20 -10 0 10 20 30

获胜分差与韦加斯让分（分数）
实线是带宽为 1 的伊潘涅切科夫核函数。
虚线是均值为零的正态分布。

来源：贾斯廷·沃尔弗斯，《放水：美国大学生体育协会篮球比赛中的腐败》，PowerPoint 图象，美国经济协会会议（2006 年 1 月 7 日）。

沃尔弗斯发现，被支持球队的获胜分差超出预测分差的概率不是 50%，而是只有 47%（因此，他们无法超出预测分差的概率是 53%）。这个 6% 的差异听上去可能不是很大，但是当你考虑几千场比赛的几百万美元赌注时（超过 1/5 的大学比赛让分在 12 分以上），6% 就是一个很大的差异了。沃尔弗斯认为图像中的一些事情非常可疑，开始进行思考。

沃尔弗斯是进行这项调查的合适人选。他在奥地利时曾为一家赌场工作。更重要的是，他是新型超级数据分析的领头人。《纽约时报》2007年的一篇文章有一个很贴切的标题：《经济学并非明日黄花》。这篇文章选出了13位正在改造经济学的青年经济学家，他们都是超级数据分析师，沃尔弗斯就是其中之一。沃尔弗斯微笑时会露出牙齿，他常常将亮金色的头发扎成马尾辫。听他的论文讲座是一种愉快的经历，你既可以领会论文的主旨，又能欣赏到他的灵感。他简直是超级数据分析领域的摇滚明星。

所以，当沃尔弗斯观察倾斜的曲线时，他发现了两件事情。首先，被支持球队超出让分分差的概率不够高。其次，二者的差距只有几分而已，这一点尤其令他感到不安。韦加斯曲线下方的分布看上去不太对劲。贾斯廷开始怀疑，当让分值很高时，被支持球队的球员在一小部分比赛中会放水。突然之间，一切都说得通了。当让分值很高时，即使球员放水，球队获胜的机会也不会真正受到影响。贾斯廷不认为所有比赛都受到了操纵。不过，如果大约6%的高让分比赛受到操纵，你就会看到图中的那种形状。

贾斯廷没有止步于此。未来属于那些能在直觉和数字之间反复切换的超级数据分析师。根据这张图，贾斯廷做出了关于放水的假设。由此，他开始进行更多测试，以证实或推翻他的假设。他向更深处挖掘，发现了一个事实：如果你在比赛结束前5分钟观察分差，你就不会看到差异。此时，被支持球队正在朝着以50%的概率超出让分分差的方向前进。差异恰恰是在最后 5 分钟出现的。这不是铁证，但它很符合实际情况——毕竟，这是受贿球员最安全的放水时机，因为他知道这样做不会使球队输掉比赛。

未来属于像沃尔弗斯这样同时精通直觉和数字的人。这种"成为聪明人的新途径"也适用于消费领域的超级数据分析。像安娜这样的人对于直觉的量化会变得越来越有用。以符合内在直觉的方式重新表述其他人的超级数据分析结果也很重要。

超级数据分析最大的一个优点在于，它不仅可以做出预测，而且可以提供预测的准确度。预测的标准差是准确度的重要衡量标准。实际上，当超级数据分析师声称某个准确的预测具有"统计显著性"时，你可以借助双标准差规则理解这句话的含义。当统计学家说某个结果具有统计显著性时，他们是在说，某个预测值与其他某个数字的距离大于两个标准差。例如，当沃尔弗斯声称被支持球队与让分的差异具有统计显著性时，他是在说，球队超出让分分差的概率 47% 与公平竞猜的预测概率 50% 之间的差异超过了两个标准差。

许多人认为，"统计显著性"的说法蕴含了非常深奥的内容。实际上，它有着非常直观的解释。随机变量与预期均值相距超过两个标准差的概率不到 5%（这只是双标准差规则的另一面而已）。如果某个估计值与其他某个数字相距超过两个标准差，我们说它具有统计显著性，因为我们估计的差异随机出现的可能性很低（即概率不到 5%）。所以，仅仅通过双标准差规则，你就可以在很大程度上了解为什么"统计显著性"是很直观的。

通过这一章，我希望你对于直觉和数字之间的切换获得一定的感受。为此，我要向你介绍未来的人们应该知道的两个宝贵的量化工具。它们不足以将你训练成合格的超级数据分析师。不过，对于这些工具的了解和使用可以帮助你进入将直觉和统计、经验和估计结合在一起的神奇世界。第一个工具是标准差，它是对于分散性的直观衡量，你对它的使用已经有了一定了解。你可以试着将这种知识传达给其他人，这是你首先要做的事情之一。

一个数字中蕴含的海量信息

当我在斯坦福法学院教书时，教授们需要给出以 3.2 为均值的评分。学生仍然对教授的评分方式很好奇。不过，他们不是关注教授的平均评分，而是关注评分围绕固定均值的波动性。许多学生和教授会进行某种愚蠢的对话：学生会询问教授是"分散者"还是"集中者"。成绩好的学生希望避开集中者，以便提高获得 A 的可能性。成绩差的学生讨厌分散者，因为他们不仅会给出更多的 A，而且会给出更多的 F。

问题是，许多学生和教授无法表述教授评分习惯的波动程度。

这不限于法学领域。我们整个国家缺少关于发散的词汇。我们不知道如何表述我们对于数字分布波动性的直觉。

双标准差规则可以为我们提供这种词汇。当一位教授宣布他的标准差是 0.2 时，他用一个数字传达了许多信息。问题是，现在只有很少的美国人理解它的含义。不过，你应该知道它的含义。你应该向其他人解释说，这位教授只有大约 2.5% 的评分高于 3.6。

这种仅用几个词语传达信息的做法具有惊人的简洁性。我们都知道股市投资存在风险，但是这种风险有多大呢？此时，标准差和双标准差规则可以再次为我们解围。超级数据分析中的回归告诉我们，纽约股票交易所某个多样化股票投资组合下一年的预期回报率是 10%，标准差是 20%。这两个简单的数字可以为我们提供大量信息。

我们可以马上知道，这个投资组合的回报率在 –30% 和 +50% 之间的概率是 95%。如果你投资 100 美元，那么你在年末得到 70～150 美元的概率是 95%。股票市场的实际回报率并不完全服从正态分布，但它们非常接近，因此我们可以从均值和标准差这两个简单的数字中获得许多信息。

实际上，当你知道正态分布的均值和标准差时，你已经获得了关于这个分布的所有信息。统计学家将这两个值称为"概括性统计量"，因为它们概括了整个钟形曲线中包含的所有信息。有了均值和标准差，我们不仅可以使用双标准差规则，而且可以算出某个变量落在任意给定区间内的概率。想知道股市明年下跌的概率吗？如果预期回报率是 10%，标准差是 20%，那么你只需要计算回报率低于均值减去半个标准差的概率。答案是 31%（在 Excel 中得到这个结果需要花费大约 30 秒）。

在涉及政治的民意调查中，计算某个变量高于或低于特定值的概率会带来更大的红利。

概率领跑者

目前，报纸对于民间调查数据的报道习惯存在问题。新闻报道往往会这样说："在昆尼皮亚克对于 1,243 名潜在选民的调查中，卡尔文（Calvin）和霍布斯（Hobbes）获得参议院席位的概率分别是 52% 和 48%。这项民调的误差幅度（margin of error）是正负两个百分点。"

有多少人知道误差幅度的真正含义？你知道吗？在继续阅读之前，请写下你所认为的该州大多数人支持卡尔文的概率。

误差幅度与统计学的精华即双标准差规则有关，这应该不会使你感到吃惊。误差幅度就是两个标准差。所以，如果报纸宣称误差幅度是两个百分点，这意味着标准差是一个百分点。我们希望知道该州所有潜在选民支持卡尔文和霍布斯的比例，但是这个随机样本比例可能无法代表总体比例。标准差规则可以告诉我们样本预测值与我们关心的真实总体比例之间可能存在多大的随机偏移。

所以，我们可以再次使用我们熟悉的双标准差规则。我们从支持卡尔文的样本比例52%入手，用它加减误差幅度（两个标准差），以构造出一个数值范围。这个范围是52%加减2%。所以，根据双标准差规则，我们可以说："50%到54%的潜在选民支持卡尔文的概率是95%。"同晦涩的误差幅度相比，这种陈述可以提供更多信息。

不过，就连这个95%也没能体现出一个更加基本的结果，即卡尔文的领先概率。在这个例子中，领先概率很容易计算。由于卡尔文在该州的真实支持率在50%到54%之间的概率是95%，因此他的真实支持率落在钟形曲线两个尾部的概率是5%——要么高于54%，要么低于50%。由于钟形曲线两个尾部大小相等，因此卡尔文在全州的支持率低于50%的概率是2.5%。这意味着卡尔文的领先概率约为97.5%。

在计算领先概率时，记者们存在很大的误区。如果拉维恩（Laverne）以51%比49%的概率领先雪莉（Shirley），误差幅度为2%，新闻报道就会说，竞争双方"在统计上势均力敌"。我认为这是胡说八道。拉维恩的民调结果比50%整整高出了一个标准差。（别忘了，误差幅度是两个标准差，因此这个例子中的标准差是1%。）如果在Excel中计算这些数字，我们可以在几秒钟的时间里得出结论：拉维恩目前在民调中领先的概率是 84%。如果不出意外，她很有可能获胜。

许多民意调查涉及还没有做出决定的选民和第三方候选人，因此前两位候选人的支持率之和常常低于 100%。不过，领先概率仍然可以让你知道谁是最有可能的领跑者。

同标准差和误差幅度相比，人们更容易理解比例和概率。双标准差规则的优点在于，它在二者之间架设了一座桥梁。记者应该报道那些可以从直觉上理解的事情，即"领先概率"，而不是误差幅度。标准差是我们的朋友，它们甚至可以用于向外行人介绍我们真正关心的事情。

反向推导

且慢，事情还不止于此。股票和民调案例表明，如果你知道均值和标准差，你就可以进行正向推导，计算出关于某个内在过程的有趣的比例或概率。有时，我们也可以进行反向推导，从概率入手，估计可能导致这个概率的隐性标准差。劳伦斯·萨默斯为此陷入了很大的麻烦。

2005 年 1 月 14 日，哈佛大学校长劳伦斯·萨默斯在会议上谈论了女性教授在科学和数学领域的稀缺性，招致了暴风雨般的批评。许多新闻报道指出，他的评论暗示女性"在数学上存在某种固有缺陷"。《纽约时报》2007 年指出，萨默斯在评论中宣称"内在能力的缺失有助于解释为什么在大学里进入科学和数学顶级行列的女性少于男性"。和其他许多文章类似，这篇文章暗示，萨默斯的言论引发的轰动导致他在 2006 年辞职（并导致该校迎来了建校 371 年以来的首位女校长）。

萨默斯的演讲的确暗示了男性和女性在智力上可能存在内在差异。不过，他并不认为女性的平均智力水平低于男性。相反，他关注了男性智力比女性更具波动性的可能性。他显然是在根据比例数据反向推导隐性标准差。下面是萨默斯的原话：

> 我进行了非常粗糙的计算。我相信，从 20 种不同角度看，这种计算是错误的，而且显然并不细致。我观察了（在科学和数学上）排名前 5% 的十二年级学生的性别比例证据。如果你观察这些证据——它们都在图上——你会发现，进入高端行列的男女比例大约是 2∶1。由此，你可以反向计算隐性标准差的差异，这个差异大约是 20%。

萨默斯没有明说，但他在计算中假设了女性和男性十二年级学生的数学和科学平均分没有明显差异，这也是研究人员发现的事实。不过，在其他许多研究中，研究人员在分布尾部发现了差异。特别地，萨默斯注意到，十二年级学生数学和科学成绩排名前 5% 的男女比例大约是 2∶1。萨默斯进行了反向推导，以计算导致这种尾部性别差异的标准差差异。对于这种内在差异，他的核心观点是，男性智力的标准差可能比女性大 20%。事实上，这是他的唯一观点。

　　萨默斯在演讲中谨慎地指出，他的计算"粗糙"而且"并不细致"。不过，萨默斯并不笨。他是哈佛最年轻的终身教授。他获得了很有声望的约翰·贝兹·克拉克奖，该奖项用于表彰美国 40 岁以下最优秀的经济学家。美国 20 世纪最伟大的三位经济学家之中有两位是他的舅舅（或叔叔），分别是肯尼思·阿罗和保罗·萨缪尔森（Paul Samuelson）。和他们类似，萨默斯在 40 多岁时表现出了获得诺贝尔奖的潜质。他显然理解标准差。不过，在差点死于何杰金氏病之后，萨默斯选择了另一条道路。他成了世界银行的首席经济学家，最终成为克林顿政府末期的财政部长。他几乎总是会场上最聪明的人（他的批评者说，他知道这一点）。

　　不过，聪明人也会说错话。萨默斯的粗略实证并没有明确解决女性智力波动性是否更小的问题。例如，除了内在能力，其他许多因素也可能影响十二年级学生的数学和科学成绩。不过，随后的一些研究表明，女性智商的波动性的确没有男性大。

　　通过暗示标准差的性别差异，萨默斯暗示了男性更有可能成为非常聪明的人，但他也暗示了男性天生更容易成为大笨蛋。人们是否愿意成为智商标准差较大的群体中的一员呢？这是一个棘手的问题。假设你的第一个孩子即将出生。你可以为孩子选择可能的智商范围，但是这个范围必须以 100 分为中心。你所选择的智商范围内的任意数值具有相同的出现概率。你会选择什么范围呢？你是选择 95 到 105，还是用更大的范围（比如 60 到 140）来碰运气呢？当我向四年级和六年级学生提出这个问题时，他们毫无例外地选择了很小的范围（不超过 95 到 105）。没有人愿意碰运气，因为如果他们的孩子有机会成为天才，那么他们也有可能成为傻瓜。所以，从这些孩子的视角看，萨默斯暗示了男性的智商分布不太理想。

真正使萨默斯陷入困境的是，他用 20% 的预估差异来计算其他概率。他不是观察排在前 5% 的聪明人的男女比例，而是推测前 0.01% 最具科学头脑的群体中的男女比例。萨默斯宣称，顶级大学科研人员来自这个比较稀有的阶层：

> 如果……你去考虑前 25 所研究型大学的物理学家，那么你所考虑的不是高出均值两个标准差的人，甚至可能不是高出均值 3 个标准差的人，而是高出均值 3 个半标准差和 4 个标准差的人，这种人在五千人甚至一万人之中只能出现一个。

为了推测距离分布中心这么远的女性和男性"可用池"，萨默斯利用他所估计的隐性标准差进行了正向推导：

> 在距离分布中心很远的可用池中，即使是很小的标准差差

异也会转化成很大的差异……你可以算出几个标准差之外的差异。如果你进行这种计算——我完全相信，你可以通过100种不同方式进行这种计算——你会在尖端得到5：1的比例。

萨默斯宣称，女性在科学领域的比例之所以那么低，可能是因为，具有顶级研究部门所需要的那种聪明程度的男女比例可能是5：1。现在，你能理解为什么他会陷入那么大的麻烦了。我用萨默斯的方法重新计算了他的估计值，发现他低估了这个最终结果。在高出均值3.5到4个标准差的位置上，20%的标准差差异很容易转化成10：1或20：1的男女比例。然而，这些结果非常粗略。我同意萨默斯的说法，即他的方法可能存在20种不同缺陷。

虽然他得到的总体结论有待商榷，但我仍然要对他的思路提出表扬。萨默斯进行了反向和正向推导，得到了一个很有用的概率。他从观测到的比例入手，反向推导出了男性和女性科学智力的隐性标准差。接着，他进行正向推导，在分布的另一个位置上估计女性和男性的相对人数。对萨默斯来说，这种推导没有收到良好的效果。不过，未来的直觉主义者会像萨默斯那样关注比例和概率观测值，并用它们推导标准差（并且进行反向推导）。

新闻媒体几乎完全忽略了萨默斯仅仅是在谈论波动性差异的事实。与之相比，"哈佛校长声称女性天生存在数学缺陷"的报道更加性感。（他们完全可以报道说，萨默斯声称女性天生具有数学优势，因为她们不太可能在数学上表现得非常糟糕。）许多记者根本不理解这种观点，或者无法向大众传达这种观点。外行人很难理解这种说法。至少，在一定程度上说，萨默斯之所以失去工作，是因为人们不理解标准差。

我们缺少和其他人谈论发散性的能力，这影响了我们的决策能力。如果我们不能谈论最坏场景的概率，我们就很难采取合适的预防措施。这种沟通能力的缺失甚至会影响一些重要的基本问题，比如怀孕规划。

波拉克（Polak）的怀孕问题

众所周知，婴儿在怀孕大约 9 个月后出生。不过，很少有人知道，其标准差是 15 天。如果你怀孕了，正在规划休假，或者想为亲属的来访安排时间，那么你可能想知道实际分娩时间的波动性。标准差是最好的出发点。（这个分布向左偏——所以，提前 3 个星期的分娩多于推迟 3 个星期的分娩。）

大多数医生甚至不会给出最准确的预产日期。他们仍然常常根据弗朗茨·内格勒（Franz Naegele）带有些许神秘色彩的公式计算预产日期。内格勒在 1812 年提出："怀孕期从最后一次经期开始持续 10 个太阴月。"直到 20 世纪 80 年代，罗伯特·米滕道夫（Robert Mittendorf）及其同事才对几千项分娩数据进行了分析，得到了 20 世纪的公式。结果表明，女性平均怀孕期比内格勒规则多 8 天。此外，我们还可以做出更加细致的预测。首次怀孕的母亲比有过分娩经历的母亲晚分娩大约 5 天。白人的分娩日往往比其他人种要晚。母亲的年龄、体重和营养也有助于预测分娩日期。

如果医生使用粗糙的内格勒规则，他们往往会让首次怀孕的母亲失望。他们通知这些母亲的预产日期比婴儿的实际出生日期早一个星期。而且，几乎永远不会有人讨论实际分娩日期可能具有的波动性。

所以，医生目前并没有尽到传达义务。实际情况还要更加糟糕，本·波拉克（Ben Polak）很快发现了这一点。本在日常工作中是理论经济学家。他会穿着学术人士常常穿着的带有褶皱的衣服，目光锐利地悄悄走进研讨班教室。波拉克出生在伦敦，拥有标准的英国口音（当我阅读《简爱》时，他曾礼貌地向我提醒"圣约翰"的正确发音）。

在业余时间，本按照比尔·詹姆斯的优良传统分析数字。实际上，本及其同事布赖恩·罗纳根（Brian Lonergan）做得比詹姆斯还要好。波拉克不是预测棒球选手对于得分的贡献，而是估计每个选手对于球队获胜的贡献——获胜才是球队的终极目标。波拉克的研究引发了轰动。他的估计拥有令人满意的简洁性，因为球员对于球队的贡献之和等于球队实际赢得的比赛场次。

当本的妻子斯蒂芬妮（Stefanie）怀上第一个孩子耐莉（Nelly）

时，本对于医疗保健专业人士给出的统计数字并不满意。问题比预测分娩日期重要得多。本和斯蒂芬妮希望知道孩子患上唐氏综合征的概率。

我还记得我的爱人詹妮弗（Jennifer）1994年第一次怀孕时的情景。当时，医生首先根据年龄向女性告知唐氏综合征的概率。16个星期后，母亲可以通过血检测量甲胎蛋白水平。然后，医生会给你另一个概率。我记得，我曾询问医生是否有办法将不同概率合并起来。对方坦率地告诉我："这不可能。你根本不可能以这种方式将概率合并在一起。"

我没有反驳，但我知道他的话肯定是错的。自从1763年已故的托马斯·贝叶斯教士（Reverend Thomas Bayes）那篇短小的论文得到发表以来，人类已经获得了将不同证据结合在一起的能力。贝叶斯定理是一个方程，它告诉我们如何根据新证据更新初始概率。

下面举例说明。37岁的女性生下唐氏综合征患儿的概率大约是1/250（0.4%）。贝叶斯公式告诉你如何根据女性的甲胎蛋白水平更新这个概率。在更新时，你只需要用初始概率乘以一个数字，即"似然比"，它会放大或缩小初始概率估计值。[①]

根据这些早期检查获得最佳单一估计值很重要，因为如果唐

---

① 似然比衡量了在婴儿患有唐氏综合征时出现这种甲胎蛋白水平的可能性。严格地说，似然比是生下唐氏综合征患儿的母亲拥有这种甲胎蛋白水平的概率除以母亲拥有这种甲胎蛋白水平（不管她的婴儿是否患有唐氏综合征）的概率。

氏综合征的概率过高，一些父母就会进一步进行羊膜穿刺检查。"羊膜穿刺的准确率几乎是 100%，"波拉克说，"但它存在风险。羊膜穿刺可能导致流产。"每 250 个接受羊膜穿刺的孕妇中大约有一个人会流产。

在这里，我要报告一些好消息。过去 10 年，医生发现了唐氏综合征的许多预测指标。现在，我们不是进行单一的甲胎蛋白检查，而是进行三重过滤，根据一次血检的 3 种不同化验，通过贝叶斯更新来预测唐氏综合征的概率。医生还注意到，拥有唐氏综合征的胎儿很容易在超声波图象的脖子下方出现一块很厚的皮肤斑块——他们称之为颈褶。

不过，本（像博诺一样）仍然没有找到他所寻找的东西。他告诉我，医疗保健专业人士往往会忽视数字的重要性。"我和一位很和善的医生进行了一次可笑的交流，"本对我说，"她说：'一个概率是千分之一，另一个概率是万分之一，它们有什么区别呢？'对我来说，它们相差 10 倍，这是一个很大的差异。"当詹妮弗的血检结果显示甲胎蛋白水平存在风险时，我和加利福尼亚的一位遗传咨询师进行了类似的交流。我向咨询师询问唐氏综合征的概率。他的回答没有为我提供帮助："那只是一个数字而已。在现实中，你的孩子要么有事，要么没事。"

对于本的情况，医疗保健提供者建议本和斯蒂芬妮遵循经验规则。在本看来，这个规则"很随便"。他说：

他们推荐的规则是在流产概率小于唐氏综合征概率时进行羊膜穿刺。这条规则假设父母为两种不良后果赋予了相等的权重。这两种不良后果分别是流产和唐氏综合征。对一些父母来说，二者的权重可能完全不同。实际上，每一种后果的权重都可能超过另一种后果的权重。

一些父母可能认为流产的损失大得多（尤其是当他们不太可能再次怀孕时）。不过，正像本指出的那样："对于许多父母来说，生下存在严重障碍的孩子是一个毁灭性打击。他们会为这个不良后果赋予很大的权重。"

超级数据分析的优点之一在于，它往往会将决策规则与决策的实际后果结合在一起。更加开明的遗传咨询师会询问对方哪种不利结果的损失更大（唐氏综合征还是流产）以及两种损失的严重程度，这种询问会带来比较好的效果。如果孕妇认为唐氏综合征的权重是流产的三倍，那么当唐氏综合征的概率超过流产概率的 1/3 时，她很可能应该进行羊膜穿刺。

医生关于三重过滤结果的说法也令本感到失望。"当你得到实际结果时，你只想知道一个简单的数字：在给定当前检查结果的情况下孩子患有唐氏综合征的概率。你并不想知道其他许多无关信息，比如误报概率是多少。"贝叶斯方程的真正威力在于，它可以根据检查的误报概率给出唐氏综合征的最终概率。

总体而言，唐氏综合征目前有五种有效的预测指标——母亲的年龄、三种血检以及颈褶——它们可以帮助父母决定是否进行羊膜穿刺。不过，即使是在今天，许多医生仍然无法提供基于所有五项因子的最终预测。本说："我很难让他们将血检和颈褶检查数据结合起来。这项工作一定可以得到大量数据的支持。这不会是一项困难的工作。不过，他们并没有进行这种分析。当我询问医生时，他说了一些专业术语，说其中某项分布不是高斯分布。不过，这与我所提出的问题没有任何关系。"

　　贝叶斯规则已经取得了很大进展。现在的四重过滤可以将四个不同预测指标结合成一个唐氏综合征最终概率。不过，许多专业人士仍然坚持"你无法从这里抵达那里"的论调，声称基于颈褶信息的完整更新根本无法实现。

　　贝叶斯方程是一门学习科学。它是本章第二大工具。要想真正做到在直觉和统计预测之间来回切换，未来的超级数据分析师需要知道如何在获得新信息时不断更新预测和直觉。贝叶斯方程对于这种更新过程至关重要。

　　不过，许多医疗保健专业人士并不喜欢更新，这并不令人吃惊。我们前面看到，医生精通生物化学，但他们常常对基本统计学一窍不通。例如，多年来，一些研究人员向医生提出了下面这类问题：

进行常规扫描的 40 岁女性中有 1% 患有乳腺癌。患有乳腺癌的女性中有 80% 在乳房 X 光照相中得到阳性结果。没有乳腺癌的女性也会有 10% 在乳房 X 光照相中得到阳性结果。一位来自这个年龄群体的女性在一次乳房 X 光照相的常规扫描中得到了阳性结果。她患有乳腺癌的概率是多少？

顺便说一句，你也可以回答这个问题。你认为在乳房 X 光照相中得到阳性结果的女性患有乳腺癌的概率是多少？请思考一分钟。

在一项又一项研究中，大多数医生往往认为癌症概率大约是75%。实际上，这个数字是正确答案的大约十倍。大多数医生不知道如何使用贝叶斯方程。

实际上，我们可以将概率转化成频率，以计算概率（并且学习贝叶斯方程）。首先，想象 1,000 个接受乳腺癌扫描的女性。根据 1% 的（先验）概率，我们知道，每 1,000 个接受扫描的女性中有 10 个人患有乳腺癌。在这 10 个患有乳腺癌的女性中，8 个人在乳房 X 光检查中会得到阳性结果。我们还知道，在接受检查的 990 个没有乳腺癌的女性中，99 个人会得到假阳性结果。现在，你能算出得到阳性结果的女性患有乳腺癌的概率吗？

这是一种很简单的计算。在 107 个阳性结果中（8 个真阳性加上 99 个假阳性），有 8 个人的确患有癌症。所以，在乳房 X 光检查得到阳性结果的情况下，当事人的患癌概率是 7.5%（8 除以 107）。统计学家称之为后验概率或更新概率。贝叶斯定理告诉我们，1% 的先验患癌概率不会跃升到 70% 或 75%——它只会提升到 7.5%。

不理解贝叶斯定理的人往往会过度强调患癌女性得到阳性结果的 80% 的概率。许多接受调查的医生似乎认为，如果患有乳腺癌的女性有 80% 在乳房 X 光照相中得到阳性结果，那么在乳房 X 光照相中得到阳性结果的女性患有乳腺癌的概率一定在 80% 附近。贝叶斯方程告诉我们为什么这种直觉是错误的。我们需要为最初的无条件女性患癌比例（先验概率）以及没有乳腺癌的女性得到假阳性结果的可能性赋予更大的权重。

你能算出在乳房 X 光检查中得到阴性结果的女性患有癌症的概率吗？如果你能解出结果（答案在下面），[①] 这说明你正在掌握更新思想。

---

① 在 893 个阴性检查结果中，有 2 个人患有癌症——所以，后验概率只有 0.2%（先验概率的五分之一）。

结　语

　　了解双标准差规则和贝叶斯定理可以提高你自己的决策质量。不过，要想成为理智的超级数据分析消费者或者真正的超级数据分析师，你还需要掌握其他许多工具。你需要熟悉异方差性和遗漏变量偏差等术语。本书不是终结，而是一种邀请。如果你产生了兴趣，你可以继续阅读尾注中推荐的文献。

　　本·波拉克和我一样，倡导向大众灌输基本的统计学观念。"我们需要让学生学习这些东西，"他说，"我们需要克服这种恐惧心理，消除统计学限制自由的观念。有一种疯狂的观点认为，统计学是一门右翼的学问。"本书讲述的故事反驳了超级数据分析是右翼阴谋（或者意识形态霸权主义）的观点。超级数据分析为贫困行动实验室带来了推动世界进步的说服力。你可以在分析数字的同时拥有热情和关心他人的灵魂。你仍然可以具有创造性。你只需要对你的创造性和热情进行测试，看看它们是否奏效。

　　我一直在思考未来的直觉、专业知识和基于数据的分析将会如何互动。我们将会看到发展和强烈抵制。我们将会看到正面和反面应用。不过，我们可以通过过去看到未来的影子。这是我们在本书中反复看到的主题。早在 1957 年，凯瑟琳·赫伯恩

（Katharine Hepburn）和斯宾塞·特蕾西（Spencer Tracy）不太出名的电影《电脑风云》已经体现出了这些主题。

在电影中，邦尼·沃森（Bunny Watson，赫伯恩饰演）在一家大型电视网络公司工作，是一个非常聪明的图书馆管理员。她的职责是为每一个问题迅速找出答案。超级数据分析师理查德·萨姆纳（Richard Sumner，斯宾塞·特蕾西饰演）发明了艾莫拉克计算机，并将其亲切地称为"艾米"。电影利用了人们的恐惧心理，让邦尼用百科全书式的记忆力与巨大的"电子脑"进行对决。我们今天可以看到同样的恐惧心理——在日益自动化的世界里，传统专业知识将会失去意义。邦尼和其他人担心自己会失去工作。

我们应该注意到，邦尼和艾米之间的竞争是完全不对等的。我们现在理所当然地认为，计算机更加擅长信息检索。实际上，只要看一看谷歌，你就会意识到，人类查找者在这场对决中没有任何胜算。电影的维基百科页面列出了电影中出现的所有信息挑战，并且附有开源答案的链接。想知道罗丝·哈特威克·索普（Rose Hartwick Thorpe）的诗歌《钟声不要在今晚响起》第三节的内容吗？所有人都知道怎样才能最快找到答案（不是给朋友打电话）。

我认为，我们会越来越多地以相同方式看待专家和超级数据分析方程之间的预测竞争。我们会承认，这不是一场公平的竞争。

和人类相比，超级数据分析计算机更加擅长计算特定因子的预测权重。在拥有足够数据时，超级数据分析一定会获胜。

《电脑风云》解决这种矛盾的方式也很有启发意义。赫伯恩的角色检索数据的速度比不上艾莫拉克。不过，计算机最终并没有让邦尼等人失业。邦尼的任务发生了变化，计算机提升了她和其他图书馆管理员的效率和有效性。这个故事告诉我们，计算机可以使生活变得更加方便。电影在这方面并不含蓄。实际上，在片尾字幕，电影肯定了国际商用机器公司在制作这部电影时起到的作用。

不管是否含蓄，我认为同样的观点也适用于超级数据分析的崛起。归根结底，超级数据分析不是直觉的替代物，而是一种补充。这种新型智能不会将人类扔进历史的垃圾堆。不过，我对于传统专业知识的未来并没有同样的信心。即使不看这部电影，你也知道，回避网络的技术守旧派在信息检索方面处于极为不利的地位。对于超级数据分析预测避之犹恐不及的专家也在面临同样的状况。未来属于那些同时适应两个世界的人。

我们应该将直觉、经验和统计学结合起来，以生成更好的选项。当然，直觉和经验规则仍然会主导我们的许多日常决策。我想，我们可能会看到关于如何煎蛋和剥香蕉的量化研究。其他许多专家的经验将被总结成可以分析的数字，它们带来的帮助将会变得日益重要。

后 记
关于革命的进一步解释

当我准备在华盛顿州雷德蒙市微软公司发表关于超级数据分析师的演讲时，发生了一件有趣的事情。我很紧张，因为我那时刚刚开始对本书进行宣传。而且，微软技术人员在为我准备幻灯片时出了一些问题，这很讽刺。当软件问题得到解决时，我看了看以顶级软件工程师为主的观众，发现第一排坐着一个和我女儿安娜大约同样年纪的男孩。

我决定走上去和他交谈。他说他叫泰勒（Tyler），对数字分析很感兴趣。我告诉他，我和我的孩子做了一个统计项目，希望未来招募高中生甚至更年轻的学生，开展合作式数字分析项目。

结果，大约一个星期之后，泰勒给我发了一封电子邮件，询问是否可以为某个数字分析项目收集数据。从那时起，我们开始共同测试能否向人们传授创造性的问题。我和巴里·奈尔巴夫（Barry Nalebuff）当时正准备对耶鲁商学院学生进行随机化测试。我们将在 40 分钟里对半数学生进行创造性培训。另外半数学生不会接受任何培训。我们将向"处理"小组传授我和巴里在《为什么不》一书中提出的一些创造性工具。这些学生将会认识到"弹指"和"有原则地解决问题"的价值。

我们的计划是对接受培训和没有接受培训的学生进行测试，看看接受培训的学生能否更好地回答下面这类问题：

> 教科书很重，这已经成了高中生的一个严重问题。你能想到哪些商业解决方案？回答电子书不得分。

或者：

> 美国邮政局刚刚推出了"永久邮票"。你可以用41美分购买第一类邮票。即使未来邮费上升，这种邮票也可以用在第一类信件上。这种邮票的价格可能随时间上升，但你至少不需要为了使用旧邮票而前往邮局购买1美分邮票。你还能想到其他哪些类似的商业应用？

为创造性甚至解决问题的能力创建有效的衡量标准是非常困难的。不过，由于我在这本书中学到的东西，我希望至少试着对我们的创造性理论进行测试。

首先测试工商管理硕士（MBA）似乎是一个很自然的想法。不过，由于泰勒的电子邮件，我和巴里不想把视线局限在商学院学生身上。泰勒已经首先规划了对于华盛顿初中生的随机化测试。实际上，在泰勒的启发下，我开始向我在路上遇到的其他人提出这种可能性，我们还想对密苏里高中生进行同样的创造性测试。

这不是一项规模很大的运动。不过，泰勒的故事表明，人们具有独自分析数字的冲动。自从《魔鬼统计学》出版以来，我思考最多的问题就是"我怎样才能亲自行动？"这篇后记将向你展示进行回归和随机化实验的新方式。上一章提供了一些有助于理解超级数据分析的核心概念工具——标准差和贝叶斯定理。这篇后记将向你介绍一些计算工具，使你能够根据回归和随机化试验做出属于你自己的预测。

数据挖掘民主化

《魔鬼统计学》首次出版以来，最鼓舞人心的变化就是数据挖掘潜在群体的不断扩大。为响应读者亲自进行超级数据分析的愿望，我创建了一个网页，任何人都可以在上面做出属于自己的预测。（只要搜索"预测工具艾尔斯（prediction tools ayres）"，你就能找到它。）我为前面一些章节提到的预测设计了小程序。你可以预测波尔多葡萄酒的价值或者肯尼迪法官对于下次案件的投票。如果你怀孕了，你也可以预测分娩时间：

来源: www.supercrunchers.com

如图所示，只需填写几项信息，这个小程序就可以生成妊娠期和预测精度的估计值。该网站还收集了其他人创建的预测小程序链接。你可以用这些预测工具预测各种事情——比如你的寿命和孩子的身高。如果你是跑步选手，你可以在耶鲁经济学家雷·费尔（Ray Fair）开发的小程序中输入当前跑步成绩，以预测你未来的万米成绩。这个世界上有许多应用程序，可以让非统计学家从其他人的超级数据分析中获益。www.farecast.com 可以使普通旅行者从海量机票价格数据的系统挖掘中获益，类似的网站可以帮助你详细预测美职棒球队赢得比赛、进入季后赛或者上市公司申请破产的概率。

所有这些小程序都利用了回归的力量。要想使用这些程序，你不需要知道异方差性和内生性偏差的细节。你甚至不需要知道什么是回归。只需输入几个数字，你就可以生成预测。根据互联网的优良传统，每个小程序都是免费提供的。

微软还为那些稍微有点基础的人开发了一款强大的数据挖掘插件。这款插件借鉴了谷歌战术图解思想，可以免费下载。只需点击几下鼠标，你就可以轻松地在 Excel 里面运行回归。这款插件的一个重要进步是使界面变得更加好用——包括数据的输入和结果的分析。

分析器向导可以指导你完成非常直观的回归过程（它甚至没有使用可怕的"回归"一词）。输出回避了检验统计量和相关系数，仅仅提供了关于"相对影响"和"关键影响"的仪表盘图像。例如，下表展示了导致某人购买自行车的各种因素的内在影响：

"购买自行车"的关键影响因素报告

列	值	有利	相对影响
汽车	2	否	
婚姻状态	已婚	否	
地区	北美	否	
汽车	0	是	
婚姻状态	单身	是	
汽车	1	是	
地区	太平洋	是	

来源：http://www.microsoft.com/sql/technologies/dm/TATKeyInfluencers/TATKeyInfluencers.html

例如，我们可以在这张表中很清楚地看到，没有汽车的单身人士骑自行车的概率高于拥有两辆汽车的人。这些复杂的超级数据分析现在可以在 Excel 里面完成，这很令人吃惊，而且微软并没有止步的迹象。随着软件巨头在竞争中让越来越复杂的功能变得越来越好用，我们应该会看到 Excel 功能持续入侵传统上由 SAS 和其他统计程序制造商占据的数据分析空间。

不过，第七章关于超级数据分析错误风险的警告在这里变得更加重要。由于许多人都可以运行回归（或者说在网页小程序中输入数值），因此我们可能会看到许多劣质分析。一知半解是一件危险的事情。你可以用统计程序运行回归并生成预测，但这并不意味着其结果是有效的。关键问题是，你想用这种有效性和谁比。即使是粗糙的统计分析在预测上也可能优于传统专家。不过，业余超级数据分析师不太可能和那些接受过坚实社会学或统计学培训的人做得一样好。问题越重要，决策者就越是希望依赖于统计专家。在民主化数据挖掘的世界里，决策者更加希望寻求超级数据分析审计，以确保统计模型不会出现某种严重错误。

免费的随机化测试

不过，超级数据分析第二个核心方法即随机化的问题比劣质实证的问题还要大。你很容易建立随机化对照实验——尤其是互联网上的随机化对照试验。对于测试结果的解读就更容易了。通常，你只需要比较两个平均数。像泰勒和安娜这样的年轻人可以完成这种分析的大部分工作。

所以，我要很激动地宣布，谷歌已经提供了免费软件，允许任何人对于自己的网站建立和运行随机化互联网实验。在这个过程中，你甚至不需要知道如何用超文本标记语言编程。

只要你能用 Dreamwaver 等"所见即所得"编辑器创建两个版本的网页，你就能用谷歌的网页优化器运行随机化测试。通过随机化测试，你可以知道哪个版本具有更高的"转化率"。你可以测试哪个页面会带来更多的销售量、下载量和点击量。你可以决定你所感兴趣的事情。

在谷歌这种测试中，比较对象不限于两个。你可以在单一实验中同时测试多个页面设计。他们还允许你跟踪多个结果的影响。

我知道网页优化器很容易使用，因为我曾用它对我自己的网站（www.ianayres.com）进行随机化实验。如果你点击这个统一资源定位符，你有一半的概率看到我所创建的新公司 www.stickK.com 的简单链接，另有一半概率看到一个额外图标，它将引导你浏览网页，了解 stickK 的工作内容。

我不知道如何用超文本标记语言编程。坦率地说，看到源代码时，我会有点害怕。不过，我可以用 Dreamwaver 创建页面，并且可以创建页面的两个不同版本。我花了大约一个小时的时间来设置和开启测试（大多数时间用于操作 Dreamwaver，以调整浏览向导图标的外观）。

谷歌使"编程"成了一件不费吹灰之力的事情。他们为你提供了特定页面所需要的（我无法理解的）精确代码，你只需要复制粘贴就可以了。你可以点击"开始实验"页面，然后查看结果。结果报告看上去是这样的：

变体	转化率估计范围【？】	胜过原始版本的概率【？】	胜过所有版本的概率【？】	观测到的改进【？】	转化/影响【？】
原始版本	29.1% ± 1.0%	—	0.11%	—	951/3273
变体 2	32.5% ± 1.0%	99.9%	99.8%	11.9%	1099/3380
变体 1	29.1% ± 1.0%	52.8%	0.13%	0.26%	975/3347

来源：http://adwords.google.com/support/bin/answer.py?answer=61145

你可以感受到结果有多么清晰。这份报告展示了三次不同实验的结果。在第一次实验中，变体 2 显然击败了原始版本。它的转化率几乎高出了 12%。此外，不管是观察非重叠条状图还是观察另一种变体具有较高转化率的概率数值，你都可以发现，这是一个具有统计显著性的结果。

这个简单的报告提供了关于超级数据分析革命方向的许多信息。"转化率范围"的带状图与微软数据挖掘插件中的"相对影响"带状图非常类似。"胜出概率"数字与我之前讨论的"概率领跑者"也存在相似之处。虽然谷歌将平均转化率后面的正负误差幅度作为测试精确度的衡量，但我认为大多数人都会关注"胜过所有版本的概率"这一数字——它展示了估计精度是如何影响决策者关心的基本问题的。"胜过所有版本的概率"与任何民调都会得到的"概率领跑者"数字在本质上是相同的。在这两种背景中，人们的口味可能变化，但它将样本平均值与精度信息结合在一起，使我们能够意识到我们应该对结果抱有多大信心。

在网页优化器免费易用的世界里，如果你的企业或组织没有持续进行严肃的网上测试，那实在是太可惜了。不过，只有很少的一部分网页做过有效性测试。随机化革命仍然处于初级阶段，它还远远没有结束。

现在，网页优化器不是万能的。就我所知，谷歌还不允许你做一些炫酷的操作，比如使用田口方法——这种方法允许你测试所有可能组合的子集，并对未测试组合的效果做出非常准确的预测。对于更加严肃的测试，你可能需要向 Offermatica 或 Optimost 等公司寻求帮助（本书首次出版以后，Offermatica 已被 Omniture 以 6,500 万美元收购）。

这正是我所做的事情。Offermatica 帮助我在《纽约时报》上为《魔鬼统计学》做了随机化营销宣传测试。我还通过 Offermatica 为我的新事业 stickK.com 做了许多随机化测试——在写作《魔鬼统计学》为我带来的痛苦挣扎的最后阶段，我开启了这项事业。

找到有效的因素

2006 年元旦前夕，我遇到了很多麻烦。我需要在 2 月底提交这本书的最终手稿，但我还差两章多没有写完。（作为耶鲁法学院招聘委员会主席，我还有其他许多日常工作要做。）我生活中的其他部分也失去了平衡。我在那年秋天停止了锻炼，体重增长了10%，达到了 200 多磅[①]。我把我的身高和体重输入到体重指数计算器中，然后吃惊地发现，那个高中时连增长 1 磅体重都很困难的堪萨斯城瘦子现在已经正式超重了（体重指数高于 25）。

我觉得是时候整理我的生活了。我下了一系列决心——减肥，增加锻炼，减少看电视的时间，阅读更多小说，增加写作时间。我每年都会下类似的决心，但通常没有效果。我会坚持一段时间，但是到了年底，我常常会回到年初的状态——尤其是体重。我的体重过去经历过多次反复。

不过，我在这一年做了两件不同的事情。首先，我雇用了一个督促员。我在耶鲁学生就业办公室投放了一则广告，说我想雇用一个人，让他在我没有满足目标时督促我。督促员的工作很简单。他需要每天登录我所创建的谷歌电子表格文件，检查我是否做到了五项承诺。如果我开始偷懒，督促员需要进行干预——先是给我发送电子邮件，如果问题仍然存在，他需要打电话，甚至

---

① 1 磅约为 0.45 公斤。——译者注

来到我的住处，督促我遵守承诺。这种督促制度的一个副产品是，我不得不第一次为我生活中的少数问题领域记日记。

第二个重要变化是，我为我的承诺押上了赌注。我每周押了500美元风险资金，以支持我的减肥承诺。首先，我需要每周减掉1磅，直到我的体重达到185磅以下。接着，我需要在年底之前将体重保持在185磅以下。我心目中的理想体重是180磅，但我觉得应该为自己设置5磅的缓冲量，以应对正常波动。我一共押上了2.6万美元赌注。如果我失败，我的朋友、耶鲁经济学家迪恩·卡兰（Dean Karlan）就会将这笔钱据为己有。迪恩过去参与和监督了一些承诺合同，并从朋友那里拿走了几千美元。他恰好具有我所希望的名声。

下面的一点自我实证显示了我所经历的事情。

跟踪伊恩的承诺合同

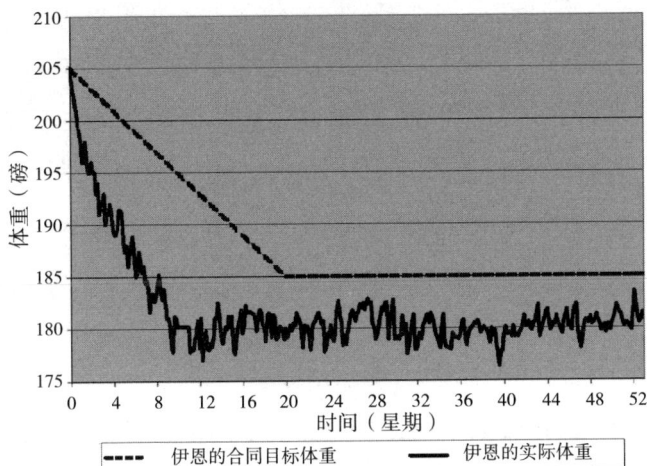

伊恩的合同目标体重 ———— 伊恩的实际体重

你可以看到，我的体重在大约 10 个星期里从 205 磅下降到了 180 磅。老实说，我之前有过几次体重迅速下降的经历。对我来说，真正特别的地方在于，在我达到 180 磅体重以后，我将这个水平维持了下来。

大多数节食者在大约半年时间里的减肥效果很好，但他们的体重接下来往往会反弹到节食前的水平。下面这张图来自体重监督者计划的两年期随机化研究，显示了减肥后保持体重有多困难。

下面的曲线（标注为"体重监督者"）显示了体重监督者节食小组的平均减肥情况，上面的曲线（标注为"自助"）显示了对照小组节食者的平均减肥情况。

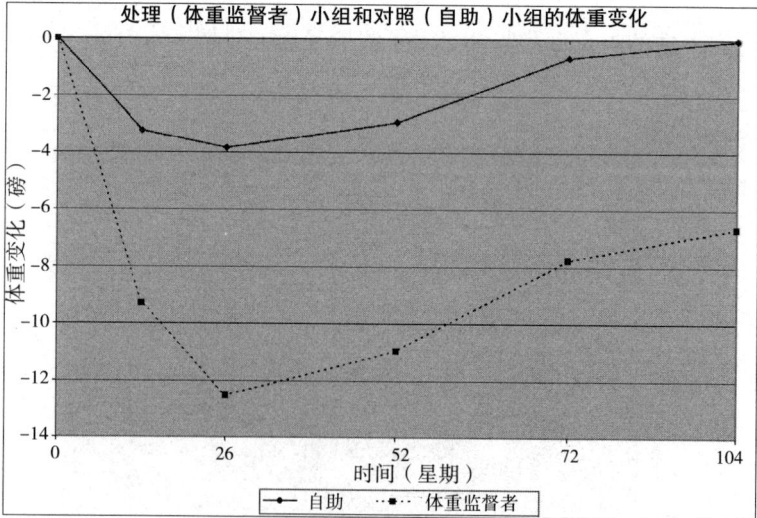

处理（体重监督者）小组和对照（自助）小组的体重变化

体重变化（磅）

时间（星期）

— ◆ — 自助　　· · ■ · · 体重监督者

来源：斯坦利·赫什卡等人，《自助减肥与结构化商业计划的比较：随机化试验》，289 JAMA 1792（2003）

这项随机化研究提供了有力证据，证明体重监督者可以帮助人们减肥。年底的减肥情况具有统计显著性。不过，减重幅度小得令人失望——平均减重不到 6 千克（6%）。大多数开始节食的超重者希望至少减掉 10% 的体重。不过，在这项研究中，体重监督者小组只有大约 16% 的人（对照小组只有大约 6% 的人）在两年后减掉了至少 10% 的体重。

体重监督者计划每年的成本大约是 500 美元，平均可以帮助你减掉 6 到 7 公斤（初始体重的大约 3%）。与之相比，我每周都要押上 500 美元赌注。最终，我减掉了 25 磅（节食前体重的 12%）。到目前为止，我没有为此支付任何费用。

不过，还有许多问题没有解决。体重监督者和承诺合同的结合是否效果更好？仅仅使用督促员是否已经足够？就其本身来说，督促实验是成功的。督促员在一年中仅仅向我发送了 6 次电子邮件（这种干预从未上升到打电话甚至登门拜访的程度）——而且，我遵守了所有承诺。我增加了锻炼，游泳总里程超过 160 公里。更令人吃惊的是，我能做 10 个无辅助引体向上，这是我之前无法做到的。我增加了阅读量，愉快地阅读了 7,000 多页小说。更重要的是，我增加了写作量，及时提交了《魔鬼统计学》。

更重要的问题是弄清哪种激励对其他人效果更好。承诺约束和督促员对我有帮助，但这并不能证明它对其他人也有帮助。我自己的减肥经历无法解答这个问题。迪恩在现实世界中做了许多随机化实验，以推测各种激励的影响。（我们在第二章介绍了他的一项研究，这项研究考察了将拨款与慈善捐赠相匹配的影响。）

迪恩希望创建一家提供承诺合同的企业。他称之为"承诺商店"。你可以在这个一站式平台上输入各种承诺。你可以承诺减肥、戒烟或者其他各种事情。你可以承诺在年底前完成一个心愿，或者在某个截止日期前提交一篇论文。

于是，我和迪恩（以及总裁乔丹·戈尔德伯格）头脑一热，创办了 www.stickK.com，该网站于 2008 年 1 月上线——刚好可以帮助人们坚持新年时定下的决心。stickK 是一项免费服务，你可以选择你的目标、赌注甚至裁判员。如果你认为督促合同对你的效果更好，我们也可以帮助你。我们可以向你发送督促电子邮件，向指定支持者通知你的进展。如果你认为财务合同对你的效果更好，你可以押上赌注。如果你遵守承诺，我们会把赌注返还给你。你也可以在原始合同中指定在你没有遵守合同时谁会得到你的赌注——可以是慈善组织或朋友，甚至可以是反慈善组织，只要你认为对你有用就行。

多年来，人们一直在使用承诺合同。为《〈纽约时报〉杂志》撰写健康专栏的丽莎·桑德斯博士（Dr. Lisa Sanders）和一个朋友订立了戒烟契约，这项契约已经持续了 20 年。如果他们中的某个人抽一根烟，这个人就要向对方支付 5,000 美元。他们最初的赌注是 1,000 美元。随着个人财富的增长，他们的赌注也在增长。

虽然他们早已戒掉了吸烟的习惯，但他们觉得没有理由停止这项合同——因为这样可以避免他们开倒车。

耶鲁法学院法律写作讲师罗布·哈里森（Rob Harrison）过去10年一直在用承诺契约帮助学生克服写作障碍。学生需要向他提供最高一万美元的支票。如果他们没能在指定时间前提交论文，罗布有权将支票寄给慈善组织。前五年，学生将支票提供给他们喜欢的慈善组织。大约5年前，一个学生提议说，将支票提供给他们不喜欢的慈善组织是一种更加有效的激励。好消息是，罗布从未将这种承诺支票寄出去。

stickK的独特之处在于，我们使这些合同的输入变得非常简单。我和迪恩也希望stickK能让人们知道哪种方法行之有效。我们计划设置新的透明度标准。在你签订承诺合同之前，我们想为你提供关于结果的最佳预测。例如，对于减肥合同来说，只要我们有了足够多的数据，我们就会发布过往结果的完整钟形曲线。实际上，在埃帕戈吉克斯的启发下，我们甚至可能提供改变脚本的建议，以便为你带来更大的帮助。在戒烟合同中，用户可能希望押上20美元赌注。不过，根据我们的最终数据，如果用户选择押上100美元赌注，他的预期资金损失可能更低（成功率也要高得多）。

简而言之，我们计划运行各种回归，对实际合同结果进行挖掘。我和迪恩还想使用超级数据分析的其他核心工具，这应该不会使你感到吃惊。我们计划对于承诺合同的各种问题进行严肃的随机化实验。迪恩即将发布一项随机化实验的结果，即承诺合同可以帮助人们戒烟。我们也开始帮助雇主和公共卫生官员设置各种随机化测试，以改进人力资源计划。和迪恩之前关于慈善组织的工作类似，我们可以看到雇主拨款匹配能否提高成功率。在匹配制度下，如果雇员押上 100 美元赌注，雇主就会押上 X 美元赌注。如果雇员取得成功，他会获得 100+X 美元。如果失败，雇员的赌注会被捐赠给（雇主选择的）慈善机构。随机化测试可以很好地研究各种 X 值的影响。

自愿性是 stickK 的一个基本特征。用户可以自行决定是否做出承诺以及具体赌注金额。所以，在随机化测试中，我们不能强迫处理小组使用承诺合同。这些测试中的处理小组有机会选择承诺合同（对照小组则没有这种机会）。根据接受和拒绝承诺合同的被试者的平均结果，我们可以确定接受承诺合同能否提高成功率。我们不仅可以测试承诺契约对于健康结果的影响，而且可以看到处理小组是否具有更低的病假概率。实际上，我认为 stickK 的健康承诺契约会间接延长员工的工作时间。对于大型雇主的随机化实验可以很快告诉我们健康承诺合同能否降低员工流失率。

大趋势

数据驱动型决策的发展还远远没有结束。许多证据表明，世界正在朝着超级数据分析的方向发展，但是我们还有许多工作要做。我曾周游各地，向商界和非商界人士介绍这本书。在这个过程中，我发现了许多显而易见的机遇。

下面是一条经验规则：没有同时使用回归和随机化方法的大型组织很可能错过了一些价值。为了保持领先，"通过分析竞争"的公司会日益感受到使用这两种工具的迫切性，这尤其适用于利润率很低的成熟行业。不过，仍然有一些行业完全没有对随机化测试的威力加以利用。

以职业体育为例。我们已经进入了魔球时代，最好的职业球队正在通过数据分析确定潜在影响。想知道裁判是否存在基于种族的歧视吗？你可以像贾斯廷·沃尔弗斯那样对 24000 多场比赛中的犯规判罚进行回归。贾斯廷通过回归分析发现，同黑人裁判相比，白人裁判更容易对黑人球员做出犯规判罚。在控制了其他许多变量后，同面对三位其他种族的裁判相比，在面对三位与自己同样种族的裁判时，球员每 48 分钟的犯规次数要少 0.18 次。当然，回归仍然面对着抵触声音。美职篮总裁大卫·斯特恩（David Stern）在媒体上成功批判了沃尔弗斯的研究质量。可喜的是，《纽约时报》邀请我和其他两位计量经济学家考察双方的研究并对它们的相对价值做出评论。这正是我之前建议的那种审计。

更加令人吃惊的不是一些球队对于回归分析的持续抵制，而是职业球队对于随机化的忽视。随机化和回归是超级数据分析的两大支柱。没有随机化对照试验的循证医学是无法想象的。不过，这正是职业体育界的现状。2007 年 12 月，我在《纽约时报》"魔鬼经济学"博客上宣称：

在人类历史上，没有一支球队曾通过随机对照试验研究哪种策略最好。（我通过这个夸张的说法向所有人提出挑战，希望有人能够提出反例。）

到今天为止，没有人提出反例。

随机化测试可以提供关于哪种策略最好的有力证据。在美职篮比赛中，许多主队的计分板会在一场比赛中多次显示"防守"，以提醒主队观众发出嘘声。简单的随机化测试可以很快告诉你"防守"嘘声能否降低对手的得分概率。你只需要让计分板管理员对于信号的显示进行随机化处理，然后跟踪对手是否得分。

同样的思想可以应用于对手站上罚球线罚球时使用的干扰战术。在杜克，"卡梅隆疯子"（即学生们）以使用各种集体战术干扰对方罚球著称。不过，这些干扰是否有效？找出这个问题的答案是很容易的。你只需要随机选择不同的集体干扰战术，并且跟踪对方罚球是否命中。

当我首次在博客上谈论这个想法时，大多数人的反应是负面的。一些评论员说，每场比赛对教练来说都很重要，教练不会通过抛硬币选择某种战术。这种说法经不起推敲。如果这种说法成立，那么我们应该立即停止医学领域的随机化测试，因为这关乎人命。不过，不管是篮球还是医学领域，当你不知道哪种方法有效时，你都可以进行随机化测试。在这两个领域，你可以以较小的代价进行初步测试。我们在进行人体试验之前会进行动物试验。类似地，职业球队可以委托小联盟或大学球队进行随机化试验（或者在季前赛进行测试）。

不过，最让我吃惊的是，来自高中、大学和职业领域的三位官员邀请我对各种体育项目进行随机化测试。说实话，我对网棒球[①]（lacrosse）运动一无所知。不过，我突然之间明白了如何对"钳制"和"防守"这两种流行的对抗战术进行实验设计。你知道，在面对对手时，网棒球选手可以通过钳制来控制网棒球，也可以阻止对手的钳制。我和高中网棒球教练谈论了对于不同对抗策略的随机化测试。例如，你可以对于"总是钳制"策略以及"以概率 p 钳制"或"在球员过去两次对抗至少有一次控球成功的情况下钳制"策略进行测试。你只需要跟踪在这两种策略下网棒球最终落到了谁的手里。

---

① 在国内常被译为长曲棍球。其起源于北美洲，是当地印第安人巴加他维的传统游戏。网棒球号称是世界上最快的球类运动。——译者注

出版《魔鬼统计学》以后，最让我激动的是，一些人——比如教练——邀请我提供数字分析建议。我在书中提到，孩子可以收集数据并成为合格的统计协作者。于是，泰勒向我发送了电子邮件。我建议教练进行随机化测试。于是，我几乎立即收到了许多人的咨询请求。

这只是开始。出版本书为我带来了我从未想过的机遇。本书出版后不久，联邦贸易委员会邀请我去市政厅参加一场关于行为营销的会议。在短短几个月时间里，我获得了在博奥杰、谷歌、J. Crew、微软、甲骨文、SAS和西尔斯等公司与聪明人谈论超级数据分析的机会。

在与这些公司合作后，我比之前更加相信，数据驱动型决策是大势所趋。这不是我一个人的想法。2007年，发生了三起重要的"商业智能"公司收购事件。4月，甲骨文以大约33亿美元收购了海波龙公司。10月，SAP以48亿美元收购了博奥杰。11月，国际商用机器公司宣布以49亿美元收购科格诺斯。这些以数据分析作为唯一产品的公司以几十亿美元的价格遭到收购，这有力证明了数据驱动型决策具有市场价值。（我还没有分析相关数字，但我认为，作为少数独立商业智能软件制造商之一的SAS可能成为未来的收购目标——比如被天睿收购。）

我甚至开始为企业分析数字了。例如，美国最大的药品利益管理者之一快捷药方公司邀请我加入他们的科学顾问委员会。我们希望委员会成员与雇主合作，以测试让患者服药的最佳策略。（你可以猜到，我会努力将 stickK 承诺合同包含在被检验的"处理方案"之中。）我现在的研究日程排得很满，这在很大程度上是本书的功劳。我的很大一部分研究工作是对增进人民健康和幸福的策略进行测试。这是我没有预料到的中年转型。不过，这说明作为本书核心的实证检验对我也起到了作用。

我说过，这篇后记可以为你提供一些计算工具。这些工具之中也包括我自己。从许多方面来看，我都是一个计算工具。如果你符合下列情况，我希望你邀请我为你分析数字。

（a）如果你是初中生或高中生，愿意分析数字，我会为你准备一个项目。

（b）如果你是教练，想要对竞技战术进行最初的随机化测试，我很愿意帮助你进行实验设计和分析。

（c）实际上，如果你拥有任何有趣的数字分析想法或者不错的数据集，请向我发送电子邮件，地址是 ian.ayres@yale.edu。

我喜欢这样的对话。欢迎你参与这场革命。

致　谢

　　本书的书脊上只写了我的名字。我要在此感谢本书的众多合著者：

　　感谢我的高中数学老师乔伊斯·菲南（Joyce Finan），他曾告诉我，我在数字方面永远不会有所长进，因为我写字太潦草了。

　　感谢我在麻省理工的计量经济学教授杰里·豪斯曼（Jerry Hausman），他曾告诉我，有一些证明过程不需要了解。

　　感谢鲍勃·贝内特（Bob Bennett）、比尔·费尔斯蒂纳（Bill Felstiner）以及美国律师基金会，他们为我最初的汽车谈判超级数据分析测试提供了资助。

　　感谢我的全职数据分析助理弗雷德·瓦尔、纳塞尔·扎卡里亚（Nasser Zakariya）、黑迪·斯托勒（Heidee Stoller）以及最近加入的伊斯拉·巴蒂（Isra Bhatty）。这些人信任我，和我签订了一年的连续分析协议——通常是对同时进行的十几个项目进行分析。感谢我在耶鲁法学院的研究助理丽贝卡·凯利（Rebecca Kelly）、亚当·班克斯（Adam Banks）和亚当·戈德法布（Adam Goldfarb），他们以极大的精力和耐心反复阅读了本书的每一个字。

　　感谢我的经纪人林恩·朱（Lynn Chu）和格伦·哈特利

（Glen Hartley），他们为我施加了很大压力，直到我写出合理的建议书。谢谢你们没有放弃我。

感谢我的编辑约翰·弗利克（John Flicker），他懂得胡萝卜和大棒的价值。我的最终稿相对于初稿的进步判若云泥，这都要归功于你。

我要把这本书献给彼得·西格尔曼（Peter Siegelman）和约翰·多诺霍。我仍然清晰记得我们在芝加哥度过的岁月。

感谢我最好的朋友詹妮弗·布朗（Jennifer Brown），她曾在早晨的短暂时光里陪伴我，看着这本书逐渐成型。

最后，感谢其他合著者布鲁斯·阿克曼（Bruce Ackerman）、巴里·E.阿德勒（Barry E. Adler）、安东尼娅·艾尔斯–布朗（Antonia Ayres-Brown）、亨利·艾尔斯–布朗（Henry Ayres-Brown）、凯瑟琳·贝克（Katharine Baker）、乔·班克曼（Joe Bankman）、约翰·布雷思韦特（John Braithwaite）、理查德·布鲁克斯（Richard Brooks，他也为本书手稿做出了详细评论）、杰里米·布洛（Jeremy Bulow）、斯蒂芬·崔（Stephen Choi）、彼得·克拉姆顿（Peter Cramton）、阿诺德·迪特黑尔姆（Arnold Diethelm）、劳拉·杜利（Laura Dooley）、阿伦·埃德林（Aaron Edlin）、西德尼·福斯特（Sydney Foster）、马修·芬克（Matthew Funk）、罗伯特·加斯顿（Robert Gaston）、罗伯特·格特纳（Robert Gertner）、保罗·M.戈尔德巴特（Paul M. Goldbart）、格雷戈里·克拉斯（Gregory

Klass）、保罗·克伦佩雷尔（Paul Klemperer）、谢尔盖·I.克内什（Sergey I. Knysh）、史蒂文·D.莱维特、乔纳森·梅西（Jonathan Macey）、克莉丝汀·麦迪逊（Kristin Madison）、F.克莱顿·米勒（F. Clayton Miller）、爱德华·J.墨菲（Edward J. Murphy）、巴里·奈尔巴夫、埃里克·拉斯穆森（Eric Rasmussen）、斯蒂芬·F.罗斯（Stephen F. Ross）、科林·罗沃特（Colin Rowat）、彼得·舒克（Peter Schuck）、斯图尔特·施瓦布（Stewart Schwab）、理查德·E.斯派德尔（Richard E. Speidel）和埃里克·塔利（Eric Talley）。多年来，你们为我提供了知识和精神上的帮助。在你们的帮助下，我认识到了数字和激情可以在生活中相互融合。

出版后记

为什么电商比你自己更懂你的需求？

为什么资深的品酒师也比不过一个简单的数学公式？

为什么棒球教练能够精准评估一个从未见过的球员的未来潜能？

大数据已然成为现代社会的底层架构，数据里隐藏着基于现实而影响未来的线索。读懂了数据，你便能战胜经验，取代许多行业里的资深专家；读懂了数据，你便能识别大概率，在不确定的世界赢得未来。

身为耶鲁大学教授的本书作者，明确提出：未来属于超级数据分析师。

数据庞杂，让人眼花缭乱，如何从中获取真知？统计学是唯一的答案。本书以大量真实生动的案例，讲述了统计学如何化腐朽为神奇，干脆利索地解决一系列传统社会科学语焉不详的问题。在抽丝剥茧探究反直觉的真相的过程中，普及了统计学的基本概念和原则。正是因为其反直觉，甚至是反常识，才给人以恍然大悟的感觉，所以冠之以"魔鬼"。多年以前，《魔鬼经济学》轰动一时，而本书作者和《魔鬼经济学》的作者曾是同壕战友，风格自有相近之处。

可以把这本书看作统计学的入门读物，帮助读者更贴近现实地理解统计学。在大数据时代，掌握统计学的基本方法应当是一个人的底层能力。无论你身处哪种行业，比积累经验更重要的是学会从数据中获取知识。这本书所能指点的，便是从恒河沙砾一般的数据筛取真金的工具所在，以及这些工具的简单操作方法。

图书在版编目（CIP）数据

魔鬼统计学 / (美) 伊恩·艾瑞斯著；刘清山译
. -- 北京：九州出版社，2020.11（2024.4重印）
ISBN 978-7-5108-9369-8

Ⅰ.①魔… Ⅱ.①伊… ②刘… Ⅲ.①统计学—通俗
读物 Ⅳ.①C8-49

中国版本图书馆CIP数据核字(2020)第153464号

SUPER CRUNCHERS: WHY THINKING-BY-NUMBERS IS THE NEW
WAY TO BE SMART
by IAN AYRES
Copyright © 2007
This edition arranged with Bantam Books, an imprint of Random House, a division of
Penguin Random House
through Big Apple Agency, Inc., Labuan, Malaysia.
All rights reserved.

著作权合同登记号：图字01-2020-4826

魔鬼统计学

作　　者	[美]伊恩·艾瑞斯　著　　刘清山　译
责任编辑	李文君
出版发行	九州出版社
地　　址	北京市西城区阜外大街甲35号（100037）
发行电话	（010）68992190/3/5/6
网　　址	www.jiuzhoupress.com
印　　刷	嘉业印刷（天津）有限公司
开　　本	889 毫米×1194 毫米　　32 开
印　　张	9.5
字　　数	140 千字
版　　次	2020 年 11 月第 1 版
印　　次	2024 年 4 月第 4 次印刷
书　　号	ISBN 978-7-5108-9369-8
定　　价	52.00元